FRANCE, LÈVE-TOI ET MARCHE

Du même auteur

Osons la France, Debout la République, 2002.

Ne laissons pas mourir la France, avec Paul-Marie Coûteaux, Albin Michel, 2004.

L'Europe va dans le mur : elle accélère et elle klaxonne !, L'Archipel, 2004.

J'aime l'Europe, je vote non, François-Xavier de Guibert, 2005.

Français, reprenez le pouvoir ! 2007, une autre politique est possible, L'Archipel, 2006.

Le Coup d'État simplifié : appel aux citoyens libres d'un pays qui ne le sera bientôt plus du tout, Éditions du Rocher, 2008.

Le Petit Livre mauve, In libro veritas, 2009.

L'Euro, les Banquiers et la Mondialisation : l'Arnaque du siècle, Éditions du Rocher, 2011.

Le Printemps français ou Comment les petits vont libérer la France !, Éditions du Rocher, 2012.

Les Voleurs de la République. Enquête sur les parasites fiscaux, Fayard, 2013.

Nicolas Dupont-Aignan

France, lève-toi et marche

Fayard

Couverture : Antoine du Payrat.
Photographie : Thibault Savary.

ISBN : 978-2-213-68686-8
Dépôt légal : mars 2016.

« D’abord ils vous ignorent. Ensuite ils se moquent de vous. Puis ils vous combattent. Et après vous gagnez. »

GANDHI

Introduction

Je suis un amoureux déçu. Je me sens trahi. J'oscille entre la colère et la résignation. Une peine de cœur ? La perte d'un être cher ? Cela y ressemble.

En vérité, comme des millions de mes concitoyens, je souffre profondément de voir mon pays n'être plus que l'ombre de lui-même, s'éloigner chaque jour un peu plus de l'idée que je m'en fais.

Oui, j'ai aimé, j'aime toujours cette France qui est la mienne, la nôtre, et respire en nous. C'est un lien qui ne s'explique pas, qui relève de l'irrationnel. Je suis bercé depuis l'enfance par cet ensemble de valeurs, de terroirs, de paysages, de mots et de sons, de personnalités, d'œuvres de l'esprit, sur lequel les vents de l'histoire ont soufflé plus ou moins fort.

En effet, la France n'a rien d'une abstraction. Son destin si particulier, sa fameuse « exception », additionne les cheminements les plus exemplaires et les parcours les plus banals de millions de nos compatriotes, qui en sont à la fois la pâte et le levain.

Une telle œuvre collective nourrie de la sueur, du sang et des larmes (selon le mot de Churchill), de dizaines de générations, ne peut péricliter si rapidement et disparaître, victime du conformisme et de la lâcheté de ceux qui nous gouvernent. Et pourtant, si nous ne faisons rien, ce n'est pas exclu.

Après des années d'engagement au service d'« une certaine idée de la France », au moment où le destin du pays frôle l'irréparable, j'ai voulu écrire aux Français que nous ne sommes pas condamnés au cynisme d'une certaine classe politique, que notre pays a tout pour réussir à la condition de se réveiller, de se redresser, de se remettre tout simplement debout.

Debout parce que c'est la condition préalable.

Seuls les gens debout sont capables de recommencer à marcher, à avancer, à sortir du piège. Ceux qui restent couchés n'ont aucune chance d'y parvenir.

France, lève-toi et marche ! est un appel au sursaut national.

Sursaut de lucidité face aux périls qui nous menacent, mais aussi sur nos atouts enviés partout dans le monde.

Sursaut de volonté et d'énergie pour avoir le courage de changer de chemin avant de sortir définitivement de l'Histoire.

Nous devons nous rendre à l'évidence : il n'y a plus rien à attendre de ceux qui prétendent nous diriger. Ils ont failli, ils nous ont exposés à tous les dangers, ce n'est pas d'eux que viendra le secours.

Leur immense responsabilité saute aux yeux. Leur haute trahison ne fait plus de doute. Leur incapacité profonde à présider au destin du pays se manifeste dans les moindres aspects de la vie publique. Le temps presse. La France comme nation libre est en danger de mort.

Voulons-nous voir nos enfants devenir les esclaves des nouveaux maîtres du monde, les gardiens de musée d'une civilisation disparue, les employés d'un parc d'attractions, (un destin que nous réservait déjà en son temps, le IIIe Reich) ?

Au fond d'eux-mêmes, les Français savent bien qu'ils sont dans une impasse. Alors, allons au bout de notre pensée, suivons notre intuition. Rompons avec ceux qui, depuis trente ans, nous trompent, nous manipulent, nous méprisent, avec une bonne conscience et une arrogance effroyable.

Nous valons mieux qu'eux. Osons donc reprendre notre liberté.

Liberté de penser par nous-mêmes.

Liberté d'agir en fonction de l'idée que nous nous faisons de notre intérêt individuel comme de l'intérêt national.

Liberté de choisir un projet politique par adhésion volontaire plutôt que par élimination de tout ce qu'on ne veut pas.

Car si la France sombre, si les chaloupes sont presque à la mer (c'est un fait objectif sur lequel je reviendrai pour en analyser les causes), cela est d'autant plus révoltant que le navire est sain. Un peu comme si une belle femme au caractère affirmé, à l'esprit brillant et à la renommée immense se laissait gagner par la dépression et détruire par les faiblesses et les vices de son environnement.

Pourquoi confondre en effet la France abaissée par l'oligarchie qui la domine et les Français qui, dans leur immense diversité, déploient encore et toujours une opiniâtre activité pour faire vivre notre pays ? Ce sont eux les premiers à subir les échecs de leurs « maîtres ».

Contrairement à ce que veulent nous faire croire les démolisseurs et les propagateurs de la haine de soi, les Français se battent, chacun à sa façon, au quotidien, pour survivre à la médiocrité qui règne « là-haut ».

Ils se replient dans le cocon personnel et familial, mais ils vibrent aussi, créent, inventent, malgré les obstacles, avec l'énergie de bousculer les hiérarchies et les idées obtuses. Quand, à bout, ils s'expatrient, c'est souvent à regret. En l'absence d'un chemin de redressement collectif, l'instinct de survie individuel l'a emporté. C'est d'ailleurs cette multiplicité d'énergies individuelles qui sauve provisoirement le pays du naufrage.

C'est aussi pourquoi il existe un potentiel de redressement, de renflouement à la fois spectaculaire et rapide. À condition que la nation se retrouve autour d'un idéal, d'un projet et d'une équipe de sauveteurs qui sachent à la fois naviguer et donner des instructions précises à l'équipage.

Mais comment nous rassembler ? Dans quel esprit ? Pour quoi faire ? Avec quels moyens ?

Tellement trompés depuis tant d'années par les marchands d'illusions et les cyniques carriéristes, submergés d'informations tronquées, nos concitoyens, n'ont plus confiance en rien ni en personne. Je les comprends.

Voilà pourquoi au-delà du constat indispensable sur les causes de l'échec actuel (on m'a appris à l'école qu'un problème bien posé est à moitié résolu), il importe de fixer un cap à une génération (2050, c'est demain).

Il faut tracer le chemin et rassurer le peuple français sur les étapes de la longue marche qui nous attend et qu'il faut avoir le courage d'entreprendre. Quelle marche ? La marche de la liberté de la France. Une France capable de défendre ses intérêts, d'affirmer ses valeurs et de retrouver force et cohésion. Une France qui parle au monde pour l'inviter à résister à cette globalisation inhumaine et totalitaire.

À tous ceux qui aiment profondément la France, son histoire et ses valeurs, mais qui doutent de notre capacité collective à nous en sortir, je veux rendre l'espoir. Il n'y a aucune fatalité à se coucher ainsi, à sortir de l'histoire. Combien de fois notre nation n'a-t-elle pas ressuscité ? À l'image du paralytique qui retrouve par miracle l'usage de ses jambes. Mais, pour y réussir, nous devons retrouver la passion de la France.

Sans ce détour par la case passion, par la case amour de la France, il n'y aura pas de nouvelle espérance. Nous ne connaîtrons pas le déclic qui permet, un matin, à celui qui a souffert d'une longue dépression d'ouvrir les yeux et de ressentir, au plus profond de lui-même : je veux guérir, je vais guérir.

Oui, nous pouvons nous en sortir, à une condition : retrouver la volonté de vouloir. France, lève-toi et marche.

PREMIÈRE PARTIE

« JE SUIS LE FILS D'UNE VIEILLE HISTOIRE QUI SERA CONTINUÉE »

Georges Clemenceau

1

Gaulliste de cœur

Je me souviens comme si c'était hier de l'émotion et de l'anxiété qui me gagnait lorsque, petit garçon, je passais avec mes parents devant l'Assemblée nationale.

La colonnade, pastiche de l'Acropole, m'impressionnait. Je me demandais comment, issu d'une famille normale sans aucune relation politique ni fortune particulière, je pourrais siéger un jour dans l'hémicycle, qui me paraissait aussi magnifique qu'inaccessible.

Je me rappelle aussi avec quelle passion romantique, à peine adolescent, je collais cette fois, en cachette de mes parents, la nuit, les affiches présidentielles de la « Nouvelle Société » de Jacques Chaban-Delmas. C'était en 1974, j'avais treize ans. Un mélange de fidélité à l'épopée nationale et d'appel à la justice sociale.

Lecteur boulimique des *Mémoires de guerre* du général de Gaulle, bercé par les souvenirs de mon grand-père aviateur, qui nous racontait à la table du dimanche ses premiers combats aériens pendant la guerre de 14-18, je croyais sans doute, à ma façon, perpétuer l'Histoire de France !

Je me souviens d'une autre guerre, domestique celle-là, que j'ai menée pour obliger mes parents à acheter une télévision afin de pouvoir regarder les premières retransmissions des questions d'actualité à l'Assemblée nationale, le mercredi après-midi. J'étais passionné par les questions des députés et les réponses des ministres.

À treize ans, ce fut ma période *Canard enchaîné* que j'achetais tous les mercredis. Je me revois aussi dans le train, partant pour le classique séjour de langue en Angleterre, montrer à un de mes amis les fiches que j'avais rédigées pour résumer et critiquer le Programme commun de la gauche. Quand nos copains pensaient aux petites Anglaises, lui et moi débattions des heures durant sur la viabilité de l'alliance du Parti socialiste avec les communistes. Le paradoxe est que mon camarade, devenu depuis maire socialiste de Fontenay-aux-Roses, était alors beaucoup plus à droite que moi !

Comment ai-je contracté si jeune le virus de la politique ? D'où est venue cette curiosité permanente ? Je me suis souvent posé la question puisqu'on ne parlait pas, ou si peu, politique à la maison. Un professeur d'histoire passionnant à l'école, l'écoute de la radio, les lectures sans doute… peut-être aussi par un sentiment de révolte lié aux contradictions de ma famille.

Bien qu'issu d'un milieu plutôt favorisé, j'ai su à certaines périodes ce qu'être privé d'argent pouvait signifier. Mon père, travailleur indépendant dans le vin, s'inquiétait très souvent pour son avenir. C'est d'ailleurs cette enfance, à la fois belle par l'éducation très libre et sensible de ma mère artiste à ses heures et si solitaire en raison des difficultés relationnelles et financières de mes parents (à l'époque, on ne divorçait pas), qui m'a conduit à me projeter très jeune dans l'action politique et toujours à dépasser les clivages sociaux.

Tant de choses étaient impossibles chez moi que tout devait être possible à l'extérieur. Je m'étais juré que rien ni personne ne pourrait un jour m'empêcher d'accomplir mon destin. Je suis certain que mon énergie à soulever des montagnes vient de là ; ma quête de liberté et d'indépendance aussi.

Mes premières velléités d'engagement répondaient quelque part à mon extrême sensibilité à la souffrance des autres, sans doute d'abord celle de ma famille. Le « gaullisme social », cet alliage inédit du patriotisme et de la justice sociale, correspondait tout à fait à ma passion de l'histoire et à ma révolte personnelle. Le gaullisme représentait tout simplement pour moi le triomphe du bien sur le mal ! C'est peu à peu en dévorant les très nombreux livres consacrés au Général que j'ai compris la profondeur de sa pensée et l'extraordinaire alchimie que constitue son œuvre. Que j'ai compris aussi que sa force était de parler toujours aux Français, quels qu'ils soient et d'où qu'ils viennent.

Le gaullisme, c'est pour moi avant tout un esprit intemporel de résistance. L'appel du 18 juin a sauvé l'honneur d'un peuple déshonoré et humilié. Une extraordinaire leçon de courage et d'honneur donnée à tous les renoncements, à toutes les lâchetés.

Le gaullisme, c'est aussi le rassemblement des Français pour la seule cause qui peut les dépasser : la France.

L'indépendance de la nation est la condition de l'exercice concret, véritable, de la souveraineté du peuple et donc de la démocratie. C'est pourquoi il est totalement mensonger de faire croire, comme on l'entend si souvent, chez ceux qui s'en réclament encore à droite pour justifier l'injustifiable abandon de souveraineté, que le gaullisme est avant tout un pragmatisme. Non, le droit des peuples à disposer d'eux-mêmes est au cœur de la politique intérieure et étrangère du fondateur de la Ve République. Il l'a défendu toute sa vie pour la France et l'a même incarné à travers le monde.

Enfin, ce rassemblement des Français n'est pas incantatoire, car il est au service d'une certaine idée de l'homme. Oui, le gaullisme est aussi un humanisme, fruit de notre civilisation, mélange de nos origines judéo-chrétiennes et des valeurs issues des Lumières. Une forme de synthèse des courants d'idées qui ont forgé l'exception française. Son combat pour la France est indissociable de son attachement à la dignité de l'homme. On comprend dès lors cette recherche à tâtons d'une troisième voie entre les monstres communistes ou capitalistes.

Il suffit d'observer notre époque pour saisir l'étonnante modernité du gaullisme qui est tout sauf une nostalgie. Ce n'est en rien un patriotisme comme un autre. C'est avant tout une exigence morale et intellectuelle. Un appel à la volonté politique dans ce que le mot a de meilleur. Cela explique la fascination qu'il a pu susciter sur des personnalités de sensibilité, de milieu, d'origine différents. Sans parler du soutien populaire des plus humbles qui l'aimaient tant.

Les lectures ne me suffisaient pas, je rêvais d'être un jour élu pour changer les choses, voter de belles lois, défendre l'idée que je me faisais de la France. Je faisais entièrement mienne cette phrase de Lacordaire : « Entre le fort et le faible, entre le riche et le pauvre, entre le maître et le serviteur, c'est la liberté qui opprime et la loi qui affranchit. »

On comprend pourquoi, près de vingt ans plus tard (deux décennies qui m'ont paru interminables), j'étais si heureux et si fier le soir de ma victoire municipale à Yerres, en 1995, puis le 12 juin 1997, lors de mon élection à l'Assemblée nationale !

En emportant à l'âge de trente-quatre ans, à la surprise générale, une commune de banlieue en faillite financière, j'avais le sentiment d'être enfin utile aux autres. Je vivais soudain ce que j'avais toujours rêvé de vivre. J'allais pouvoir mettre en pratique mes idées, mes convictions. Il n'est pas un jour, depuis ce fameux 18 juin 1995 (une date et quelle date), pour moi aussi, où je n'aie pensé à ma ville comme à une seconde famille, et j'avoue qu'elle ne m'a jamais déçu !

Quant à ma victoire à l'élection législative, elle étonna aussi beaucoup. Il faut dire que l'ambiance, ce soir-là, n'était pas à la liesse, à droite. La sanction était rude, venant après la dissolution de l'Assemblée nationale décidée par Jacques Chirac. Avec 75 voix d'avance seulement, j'étais le seul à faire basculer, dans l'escarcelle du parti gaulliste, une circonscription depuis toujours à gauche. Dans les circonstances du raz-de-marée rose, c'était tellement inouï que le magazine *Le Point* me consacra un article intitulé : « Le miraculé de l'Essonne ».

Je pensais sans doute, comme la plupart de mes collègues au lendemain de leur première victoire, que, à défaut de faire l'histoire, j'allais en influencer le cours !

Bien évidemment, je n'étais plus complètement naïf. Les vingt années qui séparaient le petit colleur d'affiches du jeune député plein d'entrain m'avaient déjà ouvert les yeux sur les limites, les ambiguïtés et les déceptions de l'action politique.

J'avais surtout appris combien il était difficile d'être un « gaulliste de progrès » dans la vie politique schématique de mon pays, au moment même où celui-ci se diluait dans une Europe antidémocratique. Le référendum sur le traité de l'Union européenne dit Maastricht était passé depuis cinq ans déjà.

Être patriote sans être caricaturé en nationaliste.

Défendre la libre entreprise, mais exiger le partage social.

Vouloir l'ordre sans négliger la justice.

Ma chance a d'ailleurs sans doute été de ne pas avoir le cynisme de suivre aveuglément les leaders de l'époque. Je ne pouvais pas faire cela. Je n'avais jamais cru en François Mitterrand et quelque chose m'empêchait d'avoir confiance en Jacques Chirac. En somme, j'étais déjà déçu par la vie politique avant même de commencer ! Je parle de la politique embrassée par carriérisme, sans exigence morale et intellectuelle, sans vision ni respect du peuple. J'avais préféré m'extraire de la vie partisane ramenée à la vie courtisane, pour étudier et accumuler examens et concours, qui me paraissaient le seul moyen de m'arracher à mon milieu et d'accéder au service de l'État.

Passionné d'histoire, j'ai toujours conçu l'État comme la colonne vertébrale du pays : c'est lui qui a fait le lien, la continuité entre les rois et les républiques, il est le creuset de l'intérêt général, le seul moyen d'éviter les forces centrifuges d'un pays constitué au fil du temps de bric et de broc.

Quoi de plus évident donc que de me tourner après Sciences Po vers l'ENA ?

J'idéalisais cette école, ma déception fut grande quand j'y découvris la pesanteur de la pensée unique. Je regrettais presque ma passion pour l'architecture qui m'avait fait hésiter le soir du bac entre les beaux-arts et Sciences Po. Déjà, en 1987, quand je l'intégrai, le ver de la démission de l'État face à l'oligarchie de la Commission européenne était dans le fruit. Je compris soudain que cette institution, levier du redressement national, imaginé par Michel Debré à la Libération pour former des administrateurs compétents et incorruptibles, était en train de dériver.

Nombreux étaient pourtant mes camarades à croire en l'État et en la France. Le choix du nom de notre promotion, l'année du bicentenaire de la Révolution française, avait donné lieu à une vive bataille électorale : « Liberté, Égalité, Fraternité », que j'avais proposé, ne l'avait emporté que d'une voix face à « saint Thomas d'Aquin ». Il était amusant et réconfortant de voir combien des apprentis hauts fonctionnaires pouvaient se déchirer pour le nom symbolique mais révélateur d'une promotion. C'est aussi cela, la France.

Malheureusement, la meilleure arme du monde peut aussi se retourner contre la cause qu'elle était censée servir. Contrairement à l'idée qui circule partout, la faute en est au pouvoir politique. C'est lui qui a fait les mauvais choix. Les hauts fonctionnaires ne sont là, en principe, que pour appliquer avec énergie et intelligence les décisions politiques. C'est leur raison d'être.

L'ENA est ainsi devenue le bouc émissaire le plus commode.

Je n'avais cependant pas, pendant mes études, de 1980 à 1986, le sentiment de perdre mon temps. La querelle entre la droite libérale simpliste et la gauche socialiste archaïque me déplaisait profondément. Je la trouvais stérile et, avec le recul, je n'avais pas tort ! J'étais plutôt attiré par des personnalités originales, indépendantes, honnêtes, mais d'horizons différents, ce qui ne simplifiait pas mon engagement. J'estimais des hommes politiques aussi différents que Michel Jobert, Raymond Barre, Michel Rocard, Jean-Pierre Chevènement et, bien sûr, Philippe Séguin.

C'est d'ailleurs Philippe Séguin qui m'a enfin permis, à la fin des années 1980, de redécouvrir le bonheur de l'engagement politique : je participai à l'association Demain la France, avec Charles Pasqua, issue de la motion pour la rénovation (qui échoua, malheureusement, lors des assises du Bourget, en février 1990, à prendre le RPR à Jacques Chirac), à la bataille pour le non au référendum de Maastricht (perdu d'un fil), puis à l'aventure éphémère de Philippe à la tête du RPR, lorsqu'il s'empara de sa présidence, après la dissolution en juin 1997, fonction qu'il quitte en claquant la porte, à la veille des européennes, en 1999.

Cette décennie fut pour moi une leçon de politique aussi extraordinaire que désespérante. Loin de me dégoûter, comme le furent beaucoup ceux qui cherchèrent ensuite leur voie ailleurs, loin, très loin de la politique, elle me donna la force d'une forme de revanche. Je me suis toujours juré en effet de rendre à Philippe Séguin à titre posthume, la victoire qu'il n'avait pas su emporter.

Nous nous sommes rencontrés par l'écriture. Il aimait réclamer aux uns et aux autres des textes pour alimenter prétendument ses discours, qu'il rédigeait pourtant seul avec un soin méticuleux. Je crois plutôt qu'il aimait tester par l'écrit la véracité des sentiments et des convictions de ses interlocuteurs. Je devais avoir réussi l'examen de passage, car, très vite, il m'appela pour échanger avec moi. Je crois qu'il appréciait ma totale liberté de parole. Un jour, il me dit : « Votre sincérité est votre force, mais prenez cependant garde à vous. »

Plus tard, après avoir appris mon élection inattendue de député, lorsqu'il accéda à la tête du RPR, en juillet 1997, il me nomma, à la surprise générale et déjà à la fureur de Nicolas Sarkozy (qui voulait placer l'un des siens à cette fonction) secrétaire national aux fédérations du parti.

J'étais d'ailleurs beaucoup « trop tendre » pour exercer cette fonction, coincé au quatrième étage de la rue de Lille (siège du mouvement) entre Nicolas Sarkozy,

François Fillon, Charles Pasqua, Roger Karoutchi et Éric Raoult.

Je devais gérer les fédérations locales d'une formation gaulliste écartelée entre plusieurs clans qui se faisaient la guerre, suite à la défaite de 1997. D'un côté, les chiraquiens et les juppéistes, de l'autre les anciens balladuriens (dont Sarkozy) et enfin les amis de Philippe Séguin et François Fillon, qui ne savaient pas s'organiser !

Philippe Séguin m'utilisait pour faire avancer des nominations de responsables départementaux proches de lui. Mais, quand la colère de l'Élysée s'abattait sur lui, il me lâchait en rase campagne. De même, il n'arrivait pas à résister à Nicolas Sarkozy, qui le fascinait. Le vendredi, il me demandait de nommer monsieur X secrétaire départemental, excitant la fureur du maire de Neuilly contre moi, et le lundi, après que ce dernier l'eut accompagné au Parc des Princes voir un match de football, il me désavouait. Philippe était davantage un homme d'État qu'un homme de parti. Je l'observais se faire rouler dans la farine par les uns et les autres, et sa faiblesse me navrait !

On le disait dur, caractériel, je l'ai toujours connu profondément humain et doté d'une extrême sensibilité. Je reconnais cependant aussi que je n'ai pas voulu être son collaborateur, mais plutôt son allié politique ; c'est sans doute pourquoi je n'ai jamais subi la moindre de ses fameuses colères.

Je me souviens comme si c'était hier de la visite que nous fîmes de la Boisserie, le 9 novembre 1997. Dans le bureau du général de Gaulle, devant la fenêtre qui ouvre sur un paysage de forêt, il avait les larmes aux yeux.

Oui, Philippe Séguin incarnait le gaullisme dans ce qu'il a de plus exigeant : l'indépendance de la France, le culte de l'État et de la République au service de l'intérêt général, une vision humaniste de la société. Je me serais fait tuer pour lui ; même si, à la différence de ceux qui ne supportaient pas son intransigeance, je lui reprochais, à l'inverse, de ne pas aller toujours au bout de son combat.

C'était un géant au milieu de nains de jardin. Il s'est pourtant laissé tuer par eux !

On ne peut pas comprendre mon parcours politique et ma décision de rompre définitivement avec le RPR puis avec l'UMP pour créer, à partir de rien, un nouveau mouvement, sans prendre en compte cet immense gâchis que fut l'échec de Philippe. Il s'est toujours arrêté en chemin, notamment après le débat télévisé sur le traité de Maastricht qui l'avait opposé à François Mitterrand et propulsé sur le devant de la scène à la veille du référendum qui serait historique. Dès 1994, je lui avais suggéré de se présenter à la présidentielle pour éviter le duel Balladur/Chirac. S'il en avait eu le courage et l'énergie, le sort de la France eût été différent.

Il n'y était pas allé. Comme si, au moment de l'emporter, une faille en lui l'empêchait de transformer l'essai. Lorsqu'il était président du RPR, de 1997 à 1999, il me disait souvent, avant d'aller déjeuner avec Jacques Chirac à l'Élysée, qu'il aurait l'explication du siècle avec le Président « qui allait voir ce qu'il allait voir » ; mais en sortant de chez « l'autre », comme il disait, il revenait alors bredouille en début d'après-midi. Il ne fallait pas alors pousser la porte de son bureau. Il ruminait sans aucun doute tout ce qu'il n'avait pas pu dire au Président et qui menaçait de retomber sur le premier venu !

C'est ce décalage permanent entre ses éclairs de génie, de lucidité sur la France, et la réalité de ses compromis permanents avec la médiocrité politicienne qui l'a tué ! Cette contradiction entre la force de ses convictions nationales et sociales et sa fidélité partisane l'aura consumé de l'intérieur. En vérité, il n'a jamais trouvé ou saisi les moyens de son indépendance.

Mais, en 1997, j'avais encore le sentiment que tout était possible. Philippe venait de s'emparer du RPR. Je participais à l'aventure de la reconstruction. Nous espérions tourner la page des ambiguïtés chiraquiennes qui avaient mené à l'échec du non au référendum de Maastricht, puis à la dissolution et enfin à la victoire de la gauche dite plurielle. Une gauche de l'abandon dissimulé derrière l'habileté de Lionel Jospin.

Je n'aurais jamais pu imaginer la brièveté de ce feu de paille que serait la présidence Séguin au RPR ni surtout le cours des dix-huit années politiques qui allaient suivre. Une glissade continue de la France sur le toboggan de l'impuissance, du renoncement et du déclin. Un véritable dévoiement des institutions, gauche et droite confondues : l'imposture de l'esprit politicien se parant des plumes factices de la stature gaullienne de la présidence de la République ; la soumission aux corporatismes intérieurs (syndicats, grande distribution, banques) et aux intérêts extérieurs. En un mot, la disparition de la France comme nation libre et souveraine.

Il serait trop long et fastidieux de raconter toutes ces années dans le détail. Il reste pourtant vital, si l'on veut relever demain la France, de comprendre par quel enchaînement nous en sommes arrivés là. Une sorte de suicide collectif, qui apparaîtra sans aucun doute aux historiens des temps futurs comme un mystère de la destinée.

Comment, en effet, dans l'une des plus anciennes démocraties du globe, une poignée de dirigeants, avides de pouvoir mais surtout lâches, ont-ils pu dilapider un tel capital ? Comment ont-ils pu abuser avec une telle constance un peuple tout entier, parfois lucide mais de plus en plus lassé et fatigué ?

Les dirigeants n'ont pas été seulement incompétents. Ils se sont montrés manipulateurs. Tous ont successivement fait campagne en trompant délibérément le peuple. Tous ont promis exactement le contraire de ce qu'ils allaient faire.

Le scénario est toujours le même. À chaque fois, on observe une préméditation dans la trahison. En 1995, Jacques Chirac fait campagne contre la fracture sociale pour se jeter, dès le lendemain de son élection, dans les bras d'Alain Juppé et de sa politique de soumission totale à Bruxelles. En 1997, Lionel Jospin s'engage sur le rejet du Pacte de stabilité européen pour s'y conformer quelques semaines plus tard. En 2007, Nicolas Sarkozy promet une résistance farouche et déterminée à Bruxelles, avant de faire adopter par le Parlement français le Traité établissant une constitution pour l'Europe (TCE) que le peuple français avait rejetée en 2005 par référendum. Enfin, François Hollande, en 2012, désigne la finance comme son ennemi, sans doute pour que l'on sache à qui il allait rendre les armes !

Le grand paradoxe est là ! Depuis trente ans, le peuple français refuse le chemin emprunté et imposé par ses gouvernements, lesquels se moquent impunément de lui.

Impunément, pas tout à fait, car aucun gouvernement n'a été reconduit. Tous ont été sanctionnés dans les urnes. Quand le peuple a été consulté lors du référendum de 2005, alors que la plupart des forces politiques et des groupes de pression du pays défendaient le oui, les Français ont dit très nettement non.

Au-delà des votes clairs et limpides, les faits aussi ont désavoué ceux que je nomme aujourd'hui les oligarques, cette classe dirigeante endogame qui brade le pays et appauvrit le peuple. Eux qui prétendent faire le bien et mener la seule politique possible, n'ont obtenu aucun des résultats qu'ils promettaient et dont ils étaient sûrs, à grand renfort de propagande. « On nous jugera aux résultats », annonçaient-ils L'échec est total : chômage de masse, explosion de la dette publique, désindustrialisation, misère sociale, baisse du niveau scolaire, insécurité, drames migratoires, montée du communautarisme, affaiblissement international de la France. Tout cela, pour comble d'infortune, dans un contexte de perte des repères et des valeurs.

Vingt ans après, il est aisé de se rendre compte à quel point le peuple français a été trompé et méprisé par ses dirigeants de gauche comme de la droite (dite de gouvernement).

Mais, sur le moment, dans le feu de l'action, au jour le jour, il fallait être résistant, être fondé dans ses réflexions et arguments pour soutenir les assauts de tous ceux qui avaient une assurance arrogante. Je peux en témoigner, le combat était rude et profondément inégal. D'un côté, la puissance de feu des deux grands appareils politiques, les socialistes et le RPR bientôt devenu l'UMP, avec leurs promesses mirifiques, leurs dépenses d'assistanat démagogiques pour endormir les Français, et leurs relais médiatiques, de l'autre, la mise en garde, par des personnalités honorables et droites, contre des périls dont on ne manquerait pas de voir les conséquences concrètes... des années plus tard.

Nous n'étions qu'une poignée à nous cabrer et à refuser la pensée unique, tenue à l'époque pour indiscutable. Philippe de Villiers, Jean-Pierre Chevènement, Marie-France Garaud, Charles Pasqua, Philippe Séguin et quelques autres ont eu l'immense courage de se dresser contre les discours ineptes, avec la force de leurs convictions. Il faut relire le « Discours pour la France » prononcé par Philippe Séguin à l'Assemblée nationale le 5 mai 1992, qui anticipe magistralement l'effondrement de la France d'aujourd'hui : « Il me faut dire avec beaucoup d'autres, au nom de beaucoup d'autres, qu'il est bien temps de saisir notre peuple de la question européenne. Car voilà maintenant trente-cinq ans que le traité de Rome a été signé et que d'Acte unique en règlements, de règlements en directives, de directives en jurisprudence, la construction européenne se fait sans les peuples, qu'elle se fait en catimini, dans le secret des cabinets, dans la pénombre des commissions, dans le clair-obscur des cours de justice.

« Voilà trente-cinq ans que toute une oligarchie d'experts, de juges, de fonctionnaires, de gouvernants, prend, au nom des peuples, sans en avoir reçu mandat, des décisions dont une formidable conspiration du silence dissimule les enjeux et minimise les conséquences. Que l'on m'entende bien : je ne viens ici donner de leçon à personne ; mais que l'on veuille bien, en retour, respecter ma propre démarche ! Je me serais d'ailleurs bien passé d'être là. Il eût mieux valu, à l'évidence, que des voix plus fortes que la mienne engagent le combat[1]. »

Le soir du référendum sur le TCE, le 29 mai 2005, fut d'ailleurs le seul grand moment de joie politique intense, car, pour une fois, la propagande n'avait pas réussi à vaincre le bon sens populaire. Bon sens malheureusement écrasé deux ans après par la forfaiture de Nicolas Sarkozy qui, avec la complicité du Parti socialiste, fit adopter par le Parlement le traité rejeté par le peuple.

Et n'oublions pas comment nous étions présentés, caricaturés par la pensée dominante : des esprits chagrins, grincheux, réactionnaires. Nous, les nouveaux « Cassandre », allions empêcher les Français de goûter au miracle de la construction européenne : la prospérité avec l'euro, la liberté avec la suppression des frontières, l'avènement d'un monde meilleur. Tout a été fait pour

1. Philippe Séguin, « Discours pour la France », Assemblée nationale, 5 mai 1992 : <https://blogs.mediapart.fr/danyves/blog/180313/le-discours-premonitoire-de-philippe-seguin>

isoler, intimider, ringardiser et réduire au silence celles et ceux qui avaient anticipé et annoncé le désastre.

Il est toujours difficile d'avoir raison avant les autres, contre les modes et les coteries. Les conséquences des décisions stupides se manifestent souvent trop tard, au point qu'on en oublie parfois les auteurs. Entre le traité d'Amsterdam qui supprime les frontières nationales en 1998[1] et l'invasion migratoire de l'été 2015, il aura fallu ainsi presque vingt ans !

Pour autant, j'ai retenu de cette période où je n'étais qu'un petit nouveau en deuxième ligne qu'on ne peut pas résister à moitié. On ne peut pas enjamber la clôture et garder un pied dans le système, un autre au-dehors. Il fallait oser rompre totalement avec ce monde politique obscène.

Au fond, le seul tort de tous les pionniers que j'avais tant admirés est de n'avoir pas su quitter leur camp politique d'origine. En 2002, après avoir tenté de rassembler les républicains des deux rives lors du premier tour de l'élection présidentielle, Jean-Pierre Chevènement revint au bercail de la gauche socialiste ! En 2007, Philippe de Villiers choisit de soutenir Nicolas Sarkozy. Quant à Charles Pasqua et à Philippe Séguin, l'un s'est retiré au Sénat, l'autre à la Cour des comptes – où il effectuait assurément des rapports décapants, jouissant d'une estime incontestée –, mais ce faisant, l'un comme l'autre privait les Français de sa voix forte !

1. Dans le traité d'Amsterdam, Protocoles B : Protocole intégrant l'acquis de Schengen dans le cadre de l'Union européenne.

Après l'échec de leur combat, que fallait-il faire ? S'avouer vaincu, déserter ? Rejoindre blasé, voire aigri, le troupeau docile qui, au nom de la « modernité », bêle depuis vingt ans sans oser relever la tête ?

Il y a des décisions qu'on ne prend même pas tant elles s'imposent.

Celle de ne plus rien céder à personne, de ne plus faire aucun compromis est de celles-là Le combat entre le système et nous ne serait plus une succession d'escarmouches et d'humiliations. C'était un engagement résolu, absolu.

2

Le coureur de fond

Pourquoi reprendre le flambeau ? N'est-ce pas désuet, ringard ?

Pourquoi ce chemin indépendant, pour ne pas dire solitaire ?

Pourquoi avoir rompu en 1999 avec le RPR de Philippe Séguin que vous admiriez tant ?

Pourquoi avoir quitté l'UMP d'un Sarkozy triomphant en 2007 ?

Pourquoi renoncer ainsi à de belles fonctions qui vous auraient permis de peser de l'intérieur ? N'est-ce pas se couper des moyens d'agir ?

Pourquoi avoir voulu bâtir un mouvement politique, ce qui, sous la Ve République, relève de l'exploit, Chevènement, Pasqua, de Villiers s'étant tous fracassés contre le mur du bipartisme partisan ?

N'êtes-vous pas lassé, découragé ?

Des milliers de fois, j'ai dû répondre à ces questions. Pourquoi, en un mot, comme me l'avait demandé un jour la journaliste Caroline Roux, lors d'une émission politique, avoir choisi d'escalader la face nord au risque de périr avant d'atteindre le sommet ?

À chaque fois, je perçois dans le regard de celui qui m'interroge un mélange d'incompréhension et de commisération, mais parfois aussi le léger malaise du doute – « et s'il avait raison, en fait ? ». En attendant, il faudrait obligatoirement être du côté des vainqueurs du jour, des puissants, voire des forts, même si leurs méthodes sont peu reluisantes, sous peine d'être pris pour un hurluberlu ou un prétentieux, bref un être qui déraisonne. La politique serait forcément sale et amorale. La réussite exigerait la trahison et l'abaissement !

Il est d'ailleurs stupéfiant de constater chez les observateurs de la vie politique française, les journalistes en premier lieu, l'intériorisation pure et simple de l'abandon de la morale en politique. C'est un fait considéré comme acquis. Les Français, eux-mêmes, après avoir subi quarante ans de descente aux enfers, en sont arrivés à trouver normale la situation actuelle.

Un homme honnête et soucieux du bien commun reçoit l'estime de tous, mais, inconsciemment, il est écarté de la liste des personnalités crédibles. Combien de fois ai-je été abordé ainsi dans la rue : « Vous, on vous aime bien car vous êtes différent des autres » ; « Vous avez l'air honnête, donc vous n'y arriverez jamais » !

À force, je me suis moi-même interrogé. Contrairement à ce que peuvent croire les Français, un homme politique est un être humain doué ou affligé d'une sensibilité souvent supérieure à la norme. Comme certains artistes, c'est cette extrême sensibilité qui donne la force d'agir et de dépasser les difficultés, de résister aux attaques, de surmonter les trahisons. En un mot, la violence inhérente à l'action politique.

Ma rupture avec ce qu'il est convenu d'appeler « le système » ne s'est pas faite en un jour. J'ai attendu plus de dix ans (de 1995, mon premier mandat, à 2007, mon départ définitif de l'UMP) avant de prendre mon indépendance totale et de larguer les amarres pour quitter le quai d'une vie politique artificielle et écœurante. Une décennie justement, pendant laquelle j'ai combattu de l'intérieur les fausses évidences, croyant pouvoir infléchir les choix des responsables du parti.

Il ne s'est jamais agi chez moi d'une posture de résistance romantique, comme certains ont cherché à le faire croire pour me moquer, dissimuler leur mauvaise conscience et légitimer leur abandon de tout idéal. Je voulais avec sincérité faire partager une poignée d'idées et corriger les erreurs que je trouvais les plus criantes.

Je me souviens ainsi d'un entretien avec François Fillon dans son bureau de ministre de l'Éducation nationale, vers 2004-2005, qui me reprochait de « faire du Philippe Séguin ». À l'écouter, il fallait donc, pour survivre politiquement et réussir, se mettre à penser comme tout le monde. C'était si commode !

Qui dit interrogation dit doute. J'ai, je l'avoue, douté de mes choix. N'étais-je pas trop entier ? Il n'est pas simple de résister quand beaucoup de vos collègues parlementaires, amis, ministres, vous expliquent que vous faites fausse route. Au passage, ils vous assurent qu'ils pensent comme vous, mais ils disent que, pour être choisi au gouvernement, il faut mettre de l'eau dans son vin, notamment sur la question essentielle, celle de l'Union européenne. C'est d'elle que procède le vrai pouvoir ! Ne devais-je pas, à mon tour, me plier à la loi du nombre, à celle du plus fort ? N'était-il pas mieux de rester tapi dans la meute afin de pouvoir un jour, à force de cooptations et de calculs, siéger parmi les dominants ?

À chaque fois, je me suis redressé, cabré. J'ai fait mienne la citation de René Char : « Impose ta chance, serre ton bonheur et va vers ton risque », et j'ai repris mon bâton de pèlerin. Assumer des décisions politiques si contraires à mes convictions profondes et à l'idée que je me fais de l'intérêt national était vraiment au-dessus de mes forces. Comment être ministre d'un gouvernement qui enfermait la France dans un piège démocratique aussi cynique, aussi funeste que celui de l'Union européenne actuelle ? Avec le recul, les faits ont confirmé mes craintes. Je ne regrette pas les sacrifices effectués. Je suis même honoré par le fait que, malgré les éternelles railleries sur mon petit score (comme si, dans l'histoire, la vérité était donnée au poids des adhésions immédiates), de plus en plus de Français se rallient à notre mouvement, Debout la France.

On m'accuse d'être seul et transi dans mon coin, mais c'est la France qui grelotte. Un million d'électeurs, cela tient chaud. Quel qu'en soit de toute façon le nombre, il était impensable pour moi de soutenir des prises de position que je considérais en mon âme et conscience vraiment néfastes pour mon pays.

Rappelons ici des exemples précis.

Tout d'abord, le fameux traité d'Amsterdam, signé en septembre 1997, dont la question de la ratification hanta l'année 1998 et qui provoqua mon départ du RPR en 1999 pour le Rassemblement pour la France (RPF) de Charles Pasqua et de Philippe de Villiers. Rupture d'autant plus douloureuse pour moi qu'elle m'éloignait pour un temps de Philippe Séguin que j'aimais tant.

Je me souviens encore du regard noir du président du RPR lorsque je lui annonçai, au cinquième étage de la rue de Lille, qu'il m'était impossible, à moi, député, moins d'un an après mon élection, de trahir à ce point mes électeurs en votant à l'Assemblée un traité qui abandonnait de fait à l'Union européenne la politique migratoire et le contrôle des frontières de notre pays. Il enrageait, car, au fond, je sais qu'il m'admirait d'avoir le courage de résister. Lui-même vacillait et pliait pour ne pas déplaire à Chirac et obtenir la tête de liste du RPR aux élections européennes de 1999. Le vote eut lieu le 3 mars 1999. Je votai contre.

Le lendemain du vote au Parlement, Philippe Séguin me demandait de quitter la direction du RPR, Jacques Chirac ne supportant pas la voix discordante du secrétaire national aux fédérations. Un Jacques Chirac que je ne fréquentais pas, mais qui, à l'évidence, n'avait aucune envie de me connaître. Je me souviens d'une réception, dans la salle des fêtes de l'Élysée, où le Président de la République se précipita vers moi pour me reprocher de m'être opposé à la nomination d'un secrétaire départemental de Corrèze de son choix. Mon seul défaut en l'occurrence : avoir obéi aux instructions de Philippe

Séguin, sans savoir que le Président de la République était furieux. Le chef du RPR avait sans doute omis de le consulter lors de leur déjeuner hebdomadaire et c'est moi qui en faisais les frais.

Plus intéressant, lors d'un déjeuner à l'Élysée organisé sur le thème de l'avenir de l'école où, comme jeune député, j'avais été invité par le très aimable Jérôme Monod (aimable avec moi tout du moins), je fus rabroué par le Président pour l'avoir alerté sur la baisse du niveau d'exigence en français et sur les conséquences qui en découleraient, notamment pour l'assimilation des jeunes issus de l'immigration.

Jacques Chirac ne supportait pas d'entendre le récit des échecs de sa génération. Éternel optimiste, ou fataliste absolu, ce qui revient au même, il n'aimait pas les esprits lucides et m'assimilait à Philippe Séguin, dont il détestait au fond tant les idées que le caractère.

Mais revenons à cet épisode du traité d'Amsterdam. Le pire dans cette triste histoire est que Philippe Séguin, dans un coup d'éclat fameux, en avril 1999, quelques semaines avant les élections européennes, abandonna une fois de plus le combat qu'il avait commencé. Il laissera Nicolas Sarkozy reprendre en chemin la liste et essuyer la pire défaite du RPR, justement face à la liste Pasqua/Villiers du RPF/MPF que j'avais rejointe tant elle correspondait à mes convictions.

Vingt ans ont passé, où en sommes-nous ? Faute d'avoir pris à bras-le-corps la question des flux migratoires, on a laissé le FN devenir le premier parti de France. Les Français, quelle que soit leur couleur politique, ont pris conscience de l'incapacité totale du pays à maîtriser ses frontières. Les communautarismes et les rejets se nourrissent les uns des autres, plongeant le pays dans un climat de pré-guerre civile.

Mais, plus terrible encore, la classe politique traditionnelle, aidée par un système médiatique coupé de la réalité que vivent les Français, continue de gesticuler, voulant faire croire qu'il est possible, avec les règles actuelles de l'Union européenne, de maîtriser les flux.

D'un côté, Nicolas Sarkozy et les « Républicains » autoproclamés, anciens UMP, qui ont signé tous les traités responsables du chaos actuel, font croire qu'un Schengen II réglerait le problème.

De l'autre, Manuel Valls, qui ressemble d'ailleurs beaucoup à son rival dans la frénésie brouillonne, se rend en mai 2015 en grand équipage devant toutes les télés de France, au poste-frontière en ruine de Menton, pour faire croire que la France, que l'État reste ferme. Une photo bien réelle devant une frontière fictive pour une grande opération de communication mensongère !

Combien de fois ai-je entendu, de la bouche de certains collègues parlementaires ou ministres : « Tu n'as pas tort. Mais comment veux-tu, Nicolas, que les gens comprennent le lien entre les traités européens et la vie quotidienne ? L'Europe ne les intéresse pas ! Alors, quel intérêt d'en parler ? »

Ont-ils tort ? Ont-ils raison ? Tout dépend de l'échelle du temps sur laquelle on se place. Il est sûr qu'en 1998, lorsque nous n'avons été qu'une poignée à expliquer pourquoi nous étions contre le traité d'Amsterdam, peu de Français imaginaient les conséquences de l'abandon commun d'un pilier de la souveraineté nationale par Jacques Chirac et par Lionel Jospin.

Mais, aujourd'hui, les Français ont compris l'imposture du « sans-frontiérisme ». Quand bien même la propagande n'a jamais été aussi délirante, en faveur d'une générosité immigrationniste contre-productive…

En vacances en Grèce en août 2015, je ne pouvais pas rentrer à Paris sans prendre le temps de me rendre, avec ma femme, sur les îles proches de la Turquie pour observer par moi-même la réalité des flux migratoires. Nous nous sommes fait passer pour des journalistes enquêtant sur le sort des migrants. Nous avons compris immédiatement l'ampleur et la nature du phénomène. Il y avait là des hommes jeunes, tous munis de téléphones portables, pour certains dotés de vrais moyens financiers, et qui avaient décidé de tenter leur chance en Europe. Rien à voir avec le discours misérabiliste diffusé à longueur d'antenne en France ou ailleurs. Bien sûr, chaque cas individuel est poignant et nous avions parfois les larmes aux yeux. Qui ne voudrait pas tendre la main pour aider un étudiant à finir ses études en Europe, une famille à fuir la Syrie en guerre ? Mais un homme politique responsable doit voir plus loin. Accepter sur notre continent des centaines de milliers de migrants, c'est créer un appel d'air de plusieurs millions. Ce serait priver les pays d'origine de leurs forces vives et nourrir en Europe des troubles graves compte tenu de la crise économique qui y sévit. En outre, les témoignages que nous avons recueillis sur place confirmaient la présence parmi eux de djihadistes destinés à infiltrer nos nations.

Dans les jours qui suivirent mon retour de vacances, je me suis rendu à Calais dans cette zone excentrée de la ville qu'on appelle la jungle. Ce bidonville géant qui fait honte à la République. Là aussi, il faut le voir pour le croire. Une telle démission de l'État est impressionnante. D'un côté, un mur élevé par la France sur crédits britanniques pour protéger le port et l'entrée du tunnel sous la Manche, de l'autre le laisser-aller le plus total, avec des gangs qui terrorisent les Calaisiens, mais aussi des migrants qui voudraient leur résister. J'ai voulu, au cours d'émissions, faire partager mon inquiétude et proposer des solutions à la fois fermes et humaines. Mal m'en a pris. Les critiques sont tombées comme de la grêle. Sur France Info, station pourtant sérieuse, l'émission « Le vrai du faux » m'a accusé de brandir le chiffre fantomatique d'un million de migrants en 2015 en Europe. Pourtant, ce fut exactement la réalité ! Les événements de Cologne, le 31 décembre 2015, prouvent qu'on ne peut pas brutalement déplacer les populations avec leur culture, leur religion, d'un continent à l'autre, sans dégâts collatéraux considérables.

En vérité, il s'agit d'une nouvelle colonisation à l'envers : les colonisateurs d'hier ont perdu la capacité à exister et à se défendre comme les colonisés du XIXe siècle étaient impuissants à repousser les Européens.

Cette question est bien sûr centrale et il est temps de réagir. Il est rassurant de constater que l'hystérisation des médias est totalement décalée par rapport au bon sens des Français. Parce que le peuple ne regarde pas la télévision pour être rééduqué en permanence. En ce moment, il aurait plutôt envie de rééduquer ceux qui s'adressent à lui.

Tandis que j'assistai à un débat politique à l'initiative d'une association de quartier à La Courneuve, en Seine-Saint-Denis, j'aurais aimé être accompagné par ceux qui, sans doute par générosité spontanée mais contre-productive, culpabilisent à longueur de temps les Français sur les antennes, pour qu'ils soient témoins de ce qu'il se disait. Il n'y avait, hélas, pas foule. Ceux qui vivent le problème au quotidien, qu'ils s'appellent Abdel, Mohammed ou Antonio, Français d'origine étrangère, comme à peu près tous dans la salle, étaient venus en nombre et bien présents. Eux m'ont clairement indiqué qu'aucune intégration ne pourrait se faire en Seine-Saint-Denis tant que, chaque année, des milliers de nouveaux étrangers y débarqueraient. Un constat de bon sens !

Au-delà des cas particuliers, tous émouvants, car personne ne fuit son pays par plaisir, l'importance des migrations depuis vingt ans en France déstabilise notre économie et notre cohésion sociale. Avec 200 000 entrées légales par an (sans compter les Européens et les 50 000 clandestins, chiffre officiel largement sous-estimé), ce sont deux millions de personnes qui sont entrées sur le territoire national en dix ans (l'équivalent de la ville de Paris). Sur la même période, nous perdions un million d'emplois. Certains répondent que je ne compte pas les sorties de France. Si l'on affine, on s'aperçoit que la France « importe » des populations le plus souvent déshéritées et non formées pour « exporter » des bac +10 qui vont créer de la richesse à New York, Singapour, San Francisco ou Shanghai. Si l'on ajoute les grandes fortunes qui fuient en Suisse, en Belgique ou à Londres, on comprend le déclassement national qui s'opère à vitesse accélérée. Pour la première fois d'ailleurs de son histoire, la France devient aussi, signe de son malaise, une terre d'émigration.

Cela me rappelle la stupéfaction d'une jeune journaliste fraîchement sortie de Sciences Po, qui me suivait, pendant la campagne présidentielle de 2012 à Vigneux, dans ma circonscription, lorsqu'un jeune d'une cité m'interpella en disant : « Je vous aime bien, car vous voulez des frontières. » Ce qui est un gros mot à la télévision est devenu une urgence en banlieue !

Oui, Valéry Giscard d'Estaing en acceptant le regroupement familial en 1976, Jacques Chirac, Lionel Jospin, en signant le traité d'Amsterdam, Nicolas Sarkozy, Alain Juppé, François Fillon, Manuel Valls en avalisant l'impuissance européenne, tous ont une responsabilité écrasante !

Mais le pire est que cela continue et s'aggrave. La faute à une conjonction d'intérêts : celui de ceux qui ont bâti leur carrière sur une générosité peut-être sincère, mais aujourd'hui naïve et dangereuse, et celui des grandes entreprises, qui, notamment en Allemagne où la démographie s'effondre, ont besoin d'une main-d'œuvre bon marché et docile.

Comment croire, sinon, qu'au moment où les tensions communautaires s'aggravaient, à l'automne 2015, les chefs d'État européens osent se coucher devant la Turquie pour relancer les négociations d'adhésion à l'Union européenne ? Ce pays qui réprime les libertés, qui achète en contrebande le pétrole de Daech, se voit offrir de surcroît 3 milliards d'euros pour feindre de contrôler ses frontières. On dit que Rome s'est laissé envahir par les barbares davantage par mollesse cérébrale que par faiblesse militaire. Le parallèle est saisissant !

La question fondamentale porte donc sur la conception qu'un homme politique se fait de son rôle dans une démocratie. Une démocratie de l'émotion ou de la raison ? Une démocratie de l'instant ou du long terme ? Une démocratie confisquée par une caste ou une démocratie du peuple ? Un régime de partis qui chassent en meutes, en réseaux, en lobbies, au service d'intérêts puissants, ou une assemblée de représentants libres de la nation au service du peuple ?

Cessons de considérer les Français comme des enfants consommateurs alors qu'ils sont des citoyens adultes.

3

Le vélo d'appartement

Sur la plupart des sujets, nos concitoyens ont été infantilisés ces dernières années par ceux-là mêmes qui auraient dû les considérer et les responsabiliser.

Il n'y a pas, tant s'en faut, que sur la question migratoire que les historiens s'interrogeront pour comprendre comment des chefs d'État normalement en charge de l'intérêt supérieur de leur nation ont pu en définitive être aussi légers ou aussi cyniques.

Nous sommes le 20 juin 2007 dans la salle des fêtes de l'Élysée. Le nouveau Président élu, Nicolas Sarkozy, réunit les parlementaires de droite pour un show dont il a le secret. C'est l'une des dernières fois où je me rends à son invitation. Je ne suis pas surpris de la qualité de son discours, car il a toujours eu le talent de frapper juste, faire ressortir les maux du pays et se mettre dans la poche son auditoire, qui soudain croit avoir trouvé le sauveur. C'est d'ailleurs en écoutant plusieurs fois Nicolas Sarkozy prononcer le même discours que l'on perçoit les vieilles ficelles du démagogue-né, les mêmes effets aux mêmes endroits, comme chez les acteurs de café-théâtre qui forcent le trait là où la salle, la veille, a bien réagi.

Tout y passe : l'abandon de notre industrie, la surévaluation de l'euro, sa volonté de mettre fin à la concurrence déloyale de pays qui trichent avec toutes les règles du libre-échange.

Les députés et sénateurs enthousiastes applaudissent comme des militants de base fiers de leur champion. Le discours terminé, un peu rassuré malgré ma méfiance ancienne à l'égard du personnage, je me tourne vers la sortie quand je croise mon ami Henri Guaino, le tout nouveau conseiller spécial du Président. Pressé, il m'informe de son départ en urgence à Bruxelles avec Sarkozy. Je lui demande l'objet de ce sommet européen et là, comme un coup de poignard, il m'annonce la préparation du futur traité de Lisbonne ! Je ne suis qu'à moitié stupéfait. Le texte qu'il s'apprête à mettre sur la table et à faire signer est la copie conforme du Traité constitutionnel, rejeté en 2005. Nicolas Sarkozy me l'avait déjà annoncé, dans son bureau, le 13 janvier 2007. Ce qui avait motivé mon départ de l'UMP.

Comble du comble, ce texte une fois ratifié signifierait la disparition du droit de veto de la France sur les négociations douanières, avec le passage du vote à l'unanimité à celui de la majorité qualifiée[1] ! On comprend dès lors pourquoi les mots n'ont plus de sens. Les Français, tant de fois trompés, ne peuvent plus avoir confiance en

1. Traité de Lisbonne, article 188 C.

la parole politique. Or, sans confiance, pas de respect et sans respect, pas d'œuvre commune.

Nicolas Sarkozy s'est donc précipité, dès le 21 juin 2007, seulement un mois après son élection, à Bruxelles pour promouvoir un traité l'empêchant de faire ce qu'il avait promis la veille à sa majorité parlementaire et, plus grave, aux Français !

La France, dans les années qui suivirent, allait payer cher, en dizaines de milliers d'emplois perdus, la signature des accords douaniers de libre-échange, déséquilibrés car négociés par une commission de bureaucrates achetés par des lobbies extérieurs. Je me souviens d'une conversation avec Arnaud Montebourg, alors nouveau ministre de l'Industrie, m'expliquant avoir découvert avec effroi l'accord de libre-échange signé un an auparavant, en 2011, entre l'Union européenne et la Corée du Sud, ouvrant notre marché aux voitures coréennes tout en maintenant les droits de douane sur les voitures européennes exportées en Corée. Avec son ton habituel, il me dit avec raison : « Nicolas, ils ont tout abandonné, c'est Koblenz ! »

Sarkozy n'agissait pas différemment, la même contradiction qu'un Jacques Chirac qui, en signant en son temps le traité de Nice, avait sabordé sa marge de manœuvre en matière de politique agricole[1]. Depuis, toute la politique

1. Par le compromis de Luxembourg de 1966, la France du général de Gaulle avait obtenu un droit de veto sur la PAC qui, selon les traités, devait être déterminée à la majorité qualifiée par le Conseil de l'Union européenne réunissant les ministres de l'agriculture. En renonçant à cette dérogation majeure arrachée de haute lutte par son lointain prédécesseur, Jacques Chirac a condamné au déclin l'agriculture française.

agricole commune (PAC) qui avait été construite par le général de Gaulle a été détricotée. Aujourd'hui, l'effondrement de notre agriculture s'explique par la mise en minorité de la France qui n'a pas réussi à conserver les quotas laitiers.

La même incohérence présida à la signature du traité de Barcelone en 2002 sur la libéralisation de l'énergie par le Premier ministre Lionel Jospin et le président de la République Jacques Chirac. Cette signature conjointement déshonorante, garantissant qu'aucun camp ne s'en servirait contre l'autre ! Ils actaient la destruction programmée de l'entreprise publique EDG-GDF[1], l'un des atouts-maîtres de l'économie française boostée par une énergie historiquement bon marché, tout en jurant la main sur le cœur que cela ne changerait rien !

Pourquoi cette contradiction totale entre leurs paroles et leurs actes ?

Légèreté de dirigeants qui n'ont pas connaissance du contenu des engagements qu'ils prennent et des traités qu'ils signent ? C'est malheureusement possible quand on sait que bon nombre de parlementaires n'avaient lu ni le TCE ni le traité de Lisbonne avant le vote par référendum et la ratification par le Parlement.

Imposture d'hommes qui en connaissent les conséquences mais privilégient l'effet d'annonce et le « faux

1. L'accord de Barcelone prévoyait l'ouverture à la concurrence du secteur de l'énergie, soit la fin du monopole public et l'introduction d'opérateurs privés sur le marché – et implicitement, à terme, la disparition du tarif régulé trop bon marché pour que la concurrence puisse suivre.

air du temps » ? C'est toujours payant sur l'instant, car les médias veulent du spectacle et ont la mémoire courte. Il n'y a cependant pas de bon gouvernement sans cohérence. Au final, la réponse tient probablement dans un mélange des deux puisque le contenu des textes ne les intéresse pas (c'est d'ailleurs pourquoi aucun Président français ne s'est empressé d'appliquer les traités européens signés, fâchant souvent la France avec le reste de l'Europe).

L'objectif de Nicolas Sarkozy était, ce jour-là, de montrer la dynamique de la relation franco-allemande. Être capable médiatiquement de prouver (en tordant bien sûr la réalité) que, après le référendum raté de Jacques Chirac en 2005, il commençait, lui, son mandat sur la réconciliation du oui et du non, de la France et de l'Europe. Une belle image télévisuelle, bien éphémère, au prix de la trahison très durable des engagements pris devant les Français pour lutter contre le chômage.

Les grands discours sur l'emploi, les délocalisations, c'était pour emporter l'élection. Désormais, place à la téléréalité ! Merkel-Sarkozy, bras dessus, bras dessous, avançant sur le tapis rouge ! Marie-France Garaud, avec ce raisonnement implacable qui est le sien, m'avait commenté en ces termes la rencontre : « Connaissez-vous un chef d'entreprise qui accepte, lors d'un déjeuner d'affaires médiatisé, de devenir actionnaire minoritaire de sa propre entreprise ? La France agit ainsi en Europe. Elle sacrifie tous ses intérêts pour avoir l'air d'être une bonne élève européenne ! Pour gagner quelques points de bonne opinion dans le prochain sondage, ils sont prêts à détruire la souveraineté du pays. »

Voilà pourquoi, n'en déplaise aux observateurs, la question européenne est centrale. L'impuissance publique de nos gouvernements, qui explique le désaveu par les Français de leurs hommes et femmes politiques, tient principalement à ce transfert massif et progressif des principaux leviers du pouvoir à Bruxelles.

La fameuse tactique du salami a été mise en œuvre depuis 1992 avec le traité de Maastricht (qui vit l'instauration de l'euro en tant que monnaie unique), puis par tous les traités qui ont suivi : elle est à l'image de ce saucisson, posé sur la table de la cuisine et dont chaque membre de la famille vient couper et manger une petite tranche, persuadé que les autres ne s'en apercevront pas… jusqu'au moment où il n'en reste plus.

À chaque abandon de compétences au profit d'institutions non élues, donc profondément antidémocratiques, on a fait croire qu'il ne s'agissait que d'une petite tranche de notre vie quotidienne qui serait confiée aux bureaucrates de la Commission, à Bruxelles, ne changeant rien à la maîtrise de notre destin ni à la vitalité de notre démocratie.

Tranche après tranche, on s'aperçoit soudain que nos dirigeants nationaux n'ont plus la maîtrise du pays. Imaginons aussi le conducteur d'une voiture ayant perdu le volant, la pédale du frein, celle de l'embrayage ou le levier de vitesse ! La prochaine étape, c'est qu'il ne pourra même plus ouvrir la porte de la voiture pour sauter avant le ravin.

Quand un État ne maîtrise plus ses frontières, sa monnaie, ses lois et son budget, comment peut-il agir au nom du peuple ? Comment un Président peut-il respecter ses engagements de campagne ? Comment peut-il résoudre les problèmes du pays ?

Je n'ai jamais compris pourquoi nos dirigeants successifs ont à ce point scié la branche sur laquelle ils étaient – et restent – assis.

Cela s'est fait insidieusement.

Beaucoup d'hommes politiques français ont tout d'abord été sincères et ont cru construire l'Europe en se privant au profit de l'Union européenne des attributs essentiels du pouvoir national. Pour eux, les avantages de la construction européenne l'emportaient sur les inconvénients. Ils ont cru servir l'idéal de paix, primordial après 1945, et la bonne entente entre les peuples, auxquels tout le monde souscrit tant les nationalismes du XXe siècle ont meurtri le continent européen. C'est malheureusement leur myopie sur les dérives de cette construction qui peut leur être reprochée. Comment en effet transférer des pouvoirs confiés par le peuple français à des autorités qui ne sont pas élues, et qui ne doivent donc pas répondre de leurs actes ? Pire, des autorités qui servent les intérêts financiers transnationaux, comme en témoignent les 30 000 lobbyistes qui harcèlent les personnels de la Commission et les députés européens. C'est la fin de la démocratie ! Ils ont laissé le « pouvoir » économique de certaines élites prendre le pas sur le politique.

Myopie d'autant plus impardonnable que Bruxelles a défiguré, au fil du temps, l'idéal de départ. Les politiques décidées par un petit nombre de fonctionnaires bruxellois allant totalement à l'encontre des objectifs mêmes de l'Europe européenne prônée en son temps par le général de Gaulle.

À mesure que le prix s'élevait en termes de millions de chômeurs, d'insécurité, d'essor des mafias, de pression migratoire, pourquoi les hommes politiques français n'ont-ils pas réagi ? Pourquoi ont-ils été, à ce point, incapables de se remettre en cause ?

En privé, la plupart des ministres des différents gouvernements dépossédés reconnaissent que le système bruxellois s'est emballé : l'élargissement inefficace à vingt-huit pays, la tyrannie de la concurrence « libre et non faussée », poussée à son comble et empêchant la naissance de champions industriels, la multiplication des normes qui ne pèsent que sur les producteurs européens, la puissance des intérêts financiers spéculatifs au cœur du système… et pourtant rien ne change !

L'exemple des négociations en vue de l'adhésion de la Turquie à l'Union européenne, qui se poursuivent contre la volonté des peuples et la prétendue vigilance des chefs d'État, est saisissant. Comment ne pas être abasourdi quand on apprend, par exemple, que c'est en contrepartie de la négociation sur la prise en charge des migrants syriens en Turquie, lors du sommet Turquie-UE de novembre 2015, que l'Europe s'est engagée à supprimer au 1er janvier 2017, les visas de tourisme pour les ressortissants turcs souhaitant se rendre en zone Schengen. Ils bénéficieront de fait d'une liberté totale de circulation pendant trois mois consécutifs – bien davantage en réalité, lorsqu'on sait l'impuissance des autorités publiques en Europe à lutter efficacement contre les migrations illégales.

Comme dans les sables mouvants, nos dirigeants n'osent plus bouger de peur de s'enfoncer encore davantage. Ils ne veulent pas reconnaître leur erreur stratégique. La mondialisation n'est pas la fin des nations, mais, au contraire, leur retour en force. J'en reparlerai.

Ils ne veulent pas voir non plus combien l'Allemagne et le Royaume-Uni, aujourd'hui, les deux seules puissances du continent, qu'on le veuille ou non attachées à leur souveraineté, gèrent l'Union européenne pour la placer à leur service et n'envisagent pas du tout l'inverse.

Qui sait, par exemple, que le succès de l'industrie allemande repose sur la violation de toutes les règles européennes que nous subissons aujourd'hui ? Ainsi, le groupe Volkswagen, première entreprise mondiale d'automobiles, voit son capital protégé par le Land de Basse-Saxe – qui dispose d'une minorité de blocage qui préserve le groupe de toute prise de contrôle extérieure. Il a fallu la vigilance de l'Administration américaine pour déjouer son système organisé de fraude aux normes anti-pollution.

De même, quand il s'est agi de placer les banques sous contrôle de la Banque centrale européenne, Mme Merkel a imposé que les banques régionales allemandes, très lourdement engagées dans le soutien à l'industrie nationale, ne soient pas contrôlables. Le seuil fixé pour déclencher la surveillance d'un établissement bancaire par la BCE a, comme par hasard, été placé juste au-dessus de leur taille moyenne. L'Allemagne, une fois de plus, s'exonère des règles qu'elle impose à la Commission pour mieux encadrer ses voisins.

La construction européenne pour les dirigeants tant allemands qu'anglais est un complément de leur ambition nationale alors qu'elle n'est, pour nous autres Français, qu'un substitut à notre faiblesse nationale. Une sorte de totem qui participe de l'image de puissance de nos gouvernants tout en les exonérant de leur responsabilité. Ceux-ci ont préféré ne conserver que les apparences du pouvoir pour rejeter sur une autorité extérieure les servitudes et les charges du pouvoir. L'Europe a ainsi souvent bon dos.

Voilà pourquoi je n'accepte pas la caricature qui vise à faire passer pour anti-européenne toute personne qui ose simplement vouloir maîtriser la construction de cet ensemble, le rendre intelligent, le mettre au service des peuples, l'appuyer sur les nations, seule réalité tangible de la démocratie.

J'ai toujours de la peine quand on me traite dans les médias d'anti-européen sous prétexte que je combats les institutions qui justement défigurent l'Europe que nous aimons tous.

L'Europe, pour moi, c'est la diversité de nos cultures, de nos langues, de nos terroirs. Une civilisation empreinte de finesse, j'allais dire de délicatesse. Tant de richesses au kilomètre carré qu'il faudrait respecter plutôt que raboter et uniformiser.

Si, de Florence à Prague, en passant par Séville et Bruges, nous devenons tous pareils, l'Europe n'aura plus de raison d'être. Alors oui, j'aime l'Europe des échanges étudiants, des programmes Airbus, de la fusée Ariane et je combats celle qui nous transforme en terrain de jeux pour les nouveaux dominateurs du monde, la Chine et les

États-Unis. Le grand paradoxe est d'ailleurs de constater que ceux qui se disent Européens n'ont pas créé un seul projet concret européen depuis les années 1960, alors que j'en propose de très nombreux !

Pourquoi ce contresens historique ? Pourquoi cette naïveté ? Pourquoi cette imposture qui consiste, tout en connaissant le mal, à aller toujours plus loin dans la même funeste direction ? Pourquoi Nicolas Sarkozy et François Hollande, deux présidents au caractère fondamentalement différent, ont-ils agi de la même façon, signant chacun, peu de temps après leur élection, un nouveau traité entièrement contraire à leurs engagements électoraux ? Pourquoi ont-ils consenti à de nouvelles contraintes leur liant les mains au point de les empêcher de gouverner et d'obtenir les résultats qu'ils avaient promis ?

La raison, je la connais, et tout le monde commence à s'en douter : ils se croient obligés d'obéir aux vrais maîtres du jeu pour accéder à la présidence de ce qui n'est plus de fait qu'une province européenne. Ils sont gouverneurs de la région France plus que présidents d'un État-nation. Ils avaient d'ailleurs uni leurs forces pour nous vanter les mérites de leur Europe, lors du référendum de 2005. Une photo en Une de *Paris Match*, les présentant en frères siamois, en témoigne[1].

J'ai déjà raconté, dans un livre précédent, mon entretien, le 13 janvier 2007, avec le ministre de l'Intérieur de l'époque… à quelques mois de l'échéance de la

1. Voir <http://www.parismatch.com/Actu/Politique/Hollande-Sarkozy-les-coulisses-d-une-rencontre-149880>.

présidentielle. Ce jour-là, il me reçoit pour que je ne quitte pas l'UMP la veille de son congrès d'investiture, parce que mon initiative compromet un peu sa démarche d'homme providentiel qui court après l'unanimité :

« Que veux-tu ? me demande-t-il sur le ton abrupt qui lui est naturel et qui veut dire à peu près : est-ce qu'il y a quelque chose qui te ferait plaisir pour que tu consentes à la boucler ?

– Je ne suis pas à vendre.

– Tu es décidément incontrôlable !

– Tu confonds “incontrôlable” et “inachetable”. Je veux simplement savoir ce que tu feras du vote des Français au référendum de 2005. J'ai entendu dire que tu voulais négocier un traité simplifié, un enfumage en somme, destiné à reprendre les dispositions de la constitution européenne rejetée par les Français, et que tu voulais faire approuver l'opération par le Parlement. Mais tu vas sûrement me rassurer, ce n'est pas vrai, n'est-ce pas ? Tu ne comptes par faire cela ? »

La diatribe qui suivit correspondait au personnage agité que je connaissais depuis le RPR, depuis 1998, quand il était secrétaire général du mouvement, rattrapé in extremis par Philippe Séguin, fasciné par son culot et son intelligence tactique.

L'épisode était, hélas, prévisible. Avant l'échéance cruciale de 2007, mes convictions de fond, mon idée du pays paraissaient à Nicolas Sarkozy totalement incompréhensibles. Sur ce sujet fondamental de la Constitution européenne, il se fichait donc de l'intérêt de la France. Il pensait avoir trouvé la martingale : faire plaisir aux européistes en imposant le traité rejeté par référendum et sauver la face de la majorité des Français, en leur faisant croire que, en simplifiant le traité, il les avait compris et entendus.

Je l'avais pourtant prévenu : « Ce traité, si tu es élu président de la République, te dépossédera du pouvoir de réformer la France : relance industrielle impossible, croissance économique compromise, etc. »

Il me regarda naïvement :

« De toute façon, l'Europe à vingt-huit ne peut pas marcher. Si la France veut, elle y arrivera. Qu'importent les traités, nous ferons ce que nous voudrons ! »

Ce qui est quand même gravissime quand on sait que, en vertu de la Constitution, le président de la République engage la signature du pays et est le garant du respect des traités internationaux.

Le résultat, nous l'avons tous vécu : l'engrenage immédiat, la cascade des engagements pris dont il n'a pas pu se défaire, l'incapacité à changer la logique de la machine bruxelloise en mettant le poids de la France dans la balance, comme avaient su le faire le général de Gaulle, ou Mme Thatcher et Helmut Kohl pour leurs pays respectifs... En fin de quinquennat, un million de chômeurs de plus. Bravo !

En réalité, tout cela ne l'intéressait pas. Seule comptait son image.

Je le revois dans son bureau de la place Beauvau, en train de se venger sur les bûches de la cheminée à grands coups de tisonnier. Et de me rabrouer :

« Tu ne vas quand même pas gâcher mon congrès d'investiture pour une histoire de référendum vieille de deux ans ! C'est n'importe quoi, les Français se fichent totalement de ces histoires de traités. »

Comme, chez lui, la tentative de séduction n'est jamais très loin du coup de griffe et la menace arriva vite :

« Je te préviens, si tu quittes l'UMP, tu perdras tous tes mandats. C'est un suicide politique.

– Ça ne fait rien, lui dis-je, j'aurai toujours la ressource de devenir majordome à l'Élysée. »

Ma plaisanterie ne l'avait pas fait rire.

En me raccompagnant à la porte de son bureau devant un policier au garde-à-vous, il me lança presque avec ingénuité :

« Mais qu'est-ce que tu cherches, Nicolas ? Pourquoi tu fais cela ? »

– Je défends une “certaine idée de la France” », lui répondis-je.

Surpris, il marqua une pause comme s'il imaginait de quoi il pouvait lui prétendre avoir pris la défense. Ne trouvant visiblement pas, après une longue hésitation, il répondit :

« Je défends aussi quelque chose, moi, tiens, je pourrais dire le redressement de la France. »

Ce qui m'a toujours inquiété chez lui, c'est cette âpreté de l'ambition, jamais assouvie, et qui ne connaît d'égard pour rien ni personne. Sa faculté, selon un mot assez juste de François Fillon, « de ne croire en rien sinon en lui ». Sa conception égocentrique, enfantine et ravageuse des hommes et du pouvoir.

Le pouvoir pour le pouvoir est une course sans fin, si l'on ne s'interroge pas sur le sens historique de l'action. Faute de le savoir, Nicolas Sarkozy a raté son quinquennat. Avec lui, les Français étaient embarqués sur un navire privé de quille, tourbillonnant au gré du vent.

Je n'omets pas pour autant ses qualités : une énergie à revendre, un certain courage, un grand sens politique, une exceptionnelle capacité à convaincre et à emporter l'adhésion sur le moment, qui peuvent faire merveille pour la conquête du pouvoir. Mais cela ne suffit pas à gouverner une nation millénaire. Il ne comprend pas le pays dans sa durée, dans la longueur de son temps historique.

Son rapport frénétique à l'argent, aux puissants, aux paillettes et aux people en aurait fait un Président américain assez acceptable, c'est-à-dire moyen. Je me souviens d'ailleurs de son appel téléphonique, un jour d'hiver où j'étais dans ma mairie, pour m'insulter car j'avais osé critiquer son concept de discrimination emprunté aux États-Unis.

Il me répétait en boucle :

« Ta fameuse République, là, qu'est-ce qu'elle fait ? Dis-moi en quoi elle est belle ? »

Plutôt cocasse pour celui qui choisirait le nom Les Républicains pour le parti !

S'agissant de ce nouveau nom, j'ouvre une parenthèse pour dire qu'il est clair qu'il ne s'agit que d'un coup tactique dans l'éventualité d'un affrontement avec Marine Le Pen en 2017. Toutes celles et tous ceux qui approchent aujourd'hui Nicolas Sarkozy confirment et s'inquiètent : il n'a pas changé. Ou, s'il a changé, c'est en pire. L'esprit de revanche a succédé à l'esprit de conquête. Je ne l'ai pas revu seul à seul et j'ignore s'il a mûri. Quand on le voit à la télévision, on éprouve quand même un doute à ce sujet. La seule question qui mérite d'être posée à son propos est devenue : peut-on confier une France plus faible et plus fragile que jamais à un homme qui a des comptes à régler avec lui-même, et désormais avec les autres ?

Son successeur à l'Élysée, François Hollande n'a pas mis longtemps, lui non plus, à se coucher devant Bruxelles. Sa bonhomie cordiale et sa capacité à être d'accord avec tous ses interlocuteurs en même temps dissimulent un fatalisme certain, que l'on pouvait déjà ressentir chez Jacques Chirac.

L'un comme l'autre, nonobstant leur empathie pour les gens, réelle ou supposée, sincère ou calculée, auront fait des dégâts considérables en acceptant de soumettre davantage la France au diktat bruxellois. Il faut quand même n'avoir aucun scrupule, ou avoir tous les culots, pour prononcer le discours du Bourget (« [Mon] adversaire, c'est le monde de la finance ») et faire adopter une loi bancaire creuse comme un tambour, avant de faire ratifier le traité budgétaire Sarkozy-Merkel qui place sous la tutelle de la Commission européenne le pouvoir budgétaire de la France[1]. En d'autres termes, nous devons demander la permission avant de faire un chèque.

François Hollande est le premier Président à avoir intériorisé à ce point l'impuissance publique nationale,

1. L'article 8 du traité budgétaire signé en mars 2012 prévoit ainsi une astreinte financière en cas de manquement au respect de l'objectif budgétaire, qui peut s'élever jusqu'à 0,1 % du PIB du pays fautif.

enfilée comme une camisole. Sa capacité à jouer des contraires et à avaler des couleuvres pendant dix ans, quand il était premier secrétaire du PS, l'a sans doute prédisposé à devenir le gérant de la filiale France sous l'autorité de la holding mère, Bruxelles, coprésidée par Berlin et Washington. C'est maintenant chose faite, il arbore sa camisole dans tous les dîners officiels et il a l'air content.

À chaque fois qu'il m'a reçu, j'ai tenté de l'alerter sur des questions qui me paraissaient suffisamment graves pour mériter que soient dépassées les querelles politiques.

Après son élection, au lendemain du G7 aux États-Unis, il avait décidé de recevoir les chefs de parti. Lors de ce premier entretien, je lui avais apporté une note lumineuse de l'économiste Jacques Sapir qui expliquait l'impact d'un euro trop cher sur l'emploi[1]. Quand je la lui ai remise, il n'a pas été surpris, bien sûr, et il a reconnu que la Chine et les États-Unis sous-évaluaient leur monnaie pour gagner des parts de marché à nos dépens. Mais exactement comme Henri Guaino, le conseiller de Nicolas Sarkozy, me l'avait confié un jour en soupirant, il a évoqué l'euro comme un symbole, un signe de l'unité du continent. Les millions de chômeurs français, italiens, espagnols, grecs et portugais sont heureux de savoir qu'ils souffrent pour entretenir un symbole. Je ne peux

1. Jacques Sapir, « Pour l'Euro, l'heure du bilan a sonné », Fondation Maison des sciences de l'homme, coll. « Working Papers Series », n° 12, juin 2012 : <https://halshs.archives-ouvertes.fr/halshs-00710375/document>.

m'empêcher à cet instant de penser aux ouvriers d'une entreprise de la Marne qui pleuraient en voyant déménager devant eux leurs machines-outils vers un pays de l'Europe de l'Est, hors zone euro. Des femmes et des hommes pressés comme des citrons puis jetés, car ils coûteraient encore trop cher !

En vérité, au-delà des bons sentiments, se cachent surtout les intérêts des banques. Avec l'euro, elles ont la certitude de prêter aux États avec des intérêts. Alors qu'en retrouvant notre monnaie nationale l'État pourrait emprunter *à taux zéro* auprès de la Banque de France. J'ai écrit un livre sur ce sujet, *L'Euro, les Banquiers et la Mondialisation : l'arnaque du siècle*.

Ce petit ouvrage explique dans le détail cette escroquerie financière. Le président Hollande préférait donc, comme son prédécesseur, laisser pourrir les problèmes plutôt que d'abîmer son image.

Une autre fois, je l'ai alerté sur le scandale des travailleurs détachés. Cette fameuse directive européenne de 1996 qui, au nom de la libre circulation, permet à des entreprises françaises d'employer des citoyens d'autres pays de l'Union européenne en payant les charges sociales de leur pays d'origine. Un dumping social légal qui réduit de moitié le coût horaire du travail (17 contre 34 euros). Je lui parle de mes dernières rencontres avec des artisans contraints de cesser leur activité ou de faire comme les autres en recourant à des sociétés luxembourgeoises qui recrutent des Roumains ou des Bulgares et les mettent à la disposition des chantiers en France. Je lui apporte même les exemples de mails adressés à toutes les

PME de France, qui expliquent qu'il est légal de ruiner la sécurité sociale en payant les charges en Roumanie. Ce subterfuge a laissé sur le carreau près de 500 000 ouvriers ou artisans français, notamment dans le bâtiment.

J'explique à François Hollande combien il est inacceptable de voir les marchés publics payés par le contribuable alimenter la richesse des autres pays. Le Président acquiesce devant ma mise en garde. Il me confie qu'on lui en a parlé lors de visites en province. Il reconnaît que c'est choquant. Puis il m'explique qu'il ne peut rien faire seul, mais qu'il ne désespère pas de convaincre un jour ses partenaires européens. Manifestement, il n'a pas convaincu non plus le Parti socialiste, ayant fait appel à un prestataire qui a eu recours à des travailleurs détachés, pour installer son université d'été 2015 à La Rochelle…

Lors de mon rendez-vous suivant avec lui, quelques mois plus tard, au moment des événements dramatiques de janvier 2015, je ré-insiste. Cette fois, il me répond :

« Oui, la situation s'aggrave aussi dans les autres pays membres. J'espère que cela me permettra de faire évoluer Angela Merkel. »

Là encore il n'en a rien été. À l'exception d'une réformette inefficace sur le régime de la sous-traitance, rien n'a bien sûr changé et nos PME continuent de fermer les unes après les autres.

Même incurie de sa part, quand je l'ai alerté à propos de l'effet sur l'emploi français des sanctions de l'Union européenne à l'encontre de la Russie. Évidemment, pendant qu'on punissait la Russie et nos entrepreneurs, la capacité des Américains à augmenter leurs exportations au détriment des Européens croissait. Là, en me raccompagnant, le Président m'approuve carrément :

« Vous avez raison, les Américains décident les sanctions et les Européens les payent. D'ailleurs, ajoute-t-il malicieusement, même Mme Merkel commence à le comprendre ! »

Tout est dit : le subalterne François Hollande attend la réaction de la chef de service Angela Merkel. Je suis stupéfait de ce mélange de lucidité et de passivité, comme s'il était extérieur à sa fonction ou, plus exactement, à l'idée que je m'en fais.

Plusieurs mois plus tard, le même François Hollande me semble n'avoir tiré aucune leçon de son constat. Certes, par un tour de passe-passe habile, les deux porte-hélicoptères Mistral ont été vendus à l'Égypte avec l'argent de l'Arabie saoudite. En vérité, la filiale Pologne vaut plus que la filiale France à Bruxelles, à Washington et à Berlin. Le Président ira même jusqu'à refuser de se rendre le 9 mai 2015 à Moscou pour fêter la victoire sur les nazis et honorer la mémoire des 25 millions de morts russes. Il préférera une tournée de repentance intéressée aux Antilles qu'il pouvait pourtant aisément décaler de quelques jours.

La soumission à une pensée obligatoire, recommandée, qui sert en réalité des intérêts totalement contraires à ceux de la France sur le conflit ukrainien, gâche une relation unique et vitale avec la Russie. François Hollande a beaucoup moins d'attention pour les droits de l'homme lorsqu'il s'agit d'aller se recueillir sur la dépouille du roi d'Arabie saoudite ! En définitive, malgré sa bonhomie et sa cordialité de façade, il fait preuve d'un cynisme hors du commun, d'une absence totale d'affectivité, de morale ordinaire, de ce qu'on appelait autrefois l'honneur, c'est-à-dire ce sentiment que quelque chose vous dépasse, vous empêche de vous renier, et vous tient debout (on en revient toujours là). Je finis par me demander s'il saurait même définir l'honneur. En tout cas, pas celui de la nation : la souveraineté – ce qui est assez gênant pour un Président.

En témoigne le dernier entretien que j'ai eu avec lui et le Premier ministre Manuel Valls, au surlendemain des massacres du 13 novembre à Paris. J'ai été stupéfait de l'entendre dire qu'il ne croyait pas aux frontières nationales. Quand on sait que la plupart des terroristes ont franchi à de multiples reprises et en tous sens nos frontières sans jamais être contrôlés. Le président de la République balaye là, d'un revers de la main, une solution évidente (même si elle n'est pas suffisante).

Quand Anne Boissel, vice-présidente de Debout la France, qui m'accompagne à ce rendez-vous, lui demande ce jour-là pourquoi l'état d'urgence n'a pas été instauré comme je l'avais proposé en janvier, lorsqu'il m'avait reçu au lendemain de l'attentat contre *Charlie-Hebdo*, il hausse les épaules et répond :

« Et qu'est-ce qu'on ferait maintenant ? »

Quand je réclame l'incarcération préventive des djihadistes de retour de Syrie et d'Irak, au besoin via l'article 16 de la Constitution, il se tourne vers Manuel Valls qui répond :

« Tout cela est bien difficile juridiquement. »

En vérité, cette génération politique est déjà sortie de l'histoire, elle a été éjectée, elle est en dehors du coup.

Bercée par le règne des bons sentiments et de l'argent-roi, elle ne croit plus en la primauté du politique au service du bien commun. Elle gère au quotidien les contraires, les intérêts, les corporatismes, les nominations. Nos dirigeants pédalent sur un vélo d'appartement et croient faire le Tour de France.

J'ai eu le sentiment que François Hollande, sur le plan économique, s'accommodait très bien de cette dépendance, comme Nicolas Sarkozy au fond pensait avec une certaine droite que la domination de la Commission à Bruxelles évitait à la France de commettre des erreurs. Pour eux, la France a besoin d'être encadrée. Une sorte de « remake » de la France de Vichy : « Avec les Allemands au moins, les trains arrivent à l'heure. »

Comment expliquer autrement que des hommes qui ont mis toute leur vie au service d'une ambition ultime (la présidence de la République) puissent entériner à ce point la négation du pouvoir qu'ils ont conquis ?

Et quand un sujet touche leurs proches, leur cercle, et suscite une émotion médiatique, ils sont soudain capables de faire preuve d'un esprit de résistance rare à l'égard de l'Union européenne et d'une volonté de défendre l'indépendance de leur pays.

En témoigne le succès utile des présidents successifs à défendre l'exception culturelle dans les fameuses négociations du Tafta. Lorsque le cinéma français est menacé, c'est curieux, personne ne considère que le protectionnisme soit ringard ou fascisant ! Les agriculteurs et les ouvriers peuvent crever, mais les acteurs et les réalisateurs doivent survivre !

4

Les intouchables

Au cours de toutes ces années, je me suis souvent interrogé sur les raisons qui pouvaient conduire des hommes intelligents, aimant leur pays et dans l'ensemble honnêtes, à transférer leurs principaux pouvoirs (la loi, la monnaie, le budget, les frontières) à des institutions étrangères, lointaines et non démocratiques. Quel intérêt pour eux de se retrouver impuissants à gouverner ? Pour libérer la France un jour de cette tutelle, il est fondamental de comprendre l'enchaînement des événements qui a mené à cette dépossession sans précédent depuis la guerre de Cent Ans, ou plus près de nous, le régime de Vichy.

Ces deux exemples historiques démontrent d'ailleurs qu'il ne peut y avoir de soumission durable à un occupant extérieur sans la collaboration active d'une partie des occupés, qui y trouvent pour certains leur compte. L'occupation aujourd'hui n'est plus militaire, elle est économique, culturelle et même migratoire. Quand un peuple n'est plus maître de son destin, il est, osons le mot, colonisé. C'est un fait, même si ce n'est pas toujours visible à l'œil nu.

C'est en observant l'opiniâtreté de Nicolas Sarkozy, puis de François Hollande à défendre la belle exception culturelle française à Bruxelles et à Washington que j'ai compris qu'ils menaient tout simplement la politique de leurs intérêts propres. Non pas personnels, mais ceux de leur environnement immédiat, de leurs fréquentations, de leur milieu. Ce qui n'était pas possible pour les forces vives de notre pays (les agriculteurs, les ouvriers, les employés...) le devenait bizarrement tout à coup pour une minorité de gens proches du pouvoir. Vingt patrons des entreprises du CAC 40 sont davantage choyés que les dizaines de milliers de vrais entrepreneurs qui se battent pour survivre aux quatre coins de la France. Contrairement à ce que croient les milieux complotistes, il n'y a pas un donneur d'ordre universel caché à Washington, à Berlin ou à Bruxelles. Il y a tout simplement une oligarchie transnationale qui s'est peu à peu constituée et qui est persuadée de défendre la « modernité ». Pour ces gens-là, il y a d'un côté le « bien », qui mêle habilement l'internationalisme post-soixante-huitard à la défense de leurs intérêts, et, de l'autre côté, le « mal », incarné par tous ceux qui refusent leur domination.

L'élite française est l'une des plus endogames au monde. Le pouvoir est concentré à Paris, les institutions de la Ve République offrent une force à l'exécutif et les médias sont particulièrement conformistes. On comprend dès lors la coupure saisissante entre l'oligarchie française, composée de dirigeants politiques, administratifs, économiques, financiers, médiatiques, et le reste du pays qui les regarde discourir sans pouvoir en placer une !

Celles et ceux qui fréquentent à la fois la cour nationale et la cour européenne (de plus en plus entremêlées) bénéficient des faveurs et des prébendes. Les autres comptent pour du beurre. Le mélange de la technocratie nationale et européenne et la concentration des entreprises et des banques dénaturent notre économie de marché et écorchent notre démocratie.

Dépendance extérieure et féodalités intérieures se nourrissent donc mutuellement pour créer cette opacité indispensable aux « bonnes affaires » d'une minorité bien informée. C'est le règne du conflit d'intérêts permanent. On comprend pourquoi nos dirigeants ont abandonné leur pouvoir par tranches à Bruxelles, où ils se retrouvent entre eux. L'Union européenne a été le cheval de Troie d'intérêts qui ont trouvé là le moyen d'échapper au contrôle populaire.

C'est toujours la même histoire à travers les siècles. Les féodalités intérieures cherchent l'appui des puissances extérieures pour défier l'autorité royale centrale qui défendait à l'époque l'intérêt général. C'est la logique du fameux « parti de l'étranger », aux figures mouvantes selon les époques, et qui fit tant le malheur du pays.

Aujourd'hui, l'État, censé transcender les intérêts particuliers pour servir l'intérêt général, a perdu son rôle. Il l'a perdu pour deux raisons : tout d'abord, il n'a plus les moyens d'agir, corseté qu'il est désormais par un ensemble de règles et de procédures écrites ailleurs ; ensuite, il n'est pas dirigé puisque nos gouvernements successifs n'ont ni vision ni cap à moyen terme pour la France. À chaque fois que je rencontre un ministre pour lui proposer une réforme concrète, fruit d'observations de terrain, je m'attire la même réponse : « Tu n'as pas tort, j'aimerais pouvoir le faire, mais tu ne te rends pas compte de la complexité des règles. Je dois convaincre mon administration, et puis il y a le labyrinthe bruxellois. » En un mot, rien n'est jamais possible !

Le pouvoir politique et sa technocratie toute-puissante ne sont donc là que pour concilier les intérêts particuliers au fil de l'eau et au gré du vent. Ils les équilibrent, ils les servent, ils les dosent selon des rapports de force purement conjoncturels. Quand les élections approchent et que le peuple gronde, les corporatismes sont achetés ; quand le vote est acquis, les « belles affaires » reprennent.

Paradoxalement, par le biais des pantouflages, des conflits d'intérêts, notre État fort et compétent s'est retourné comme une crêpe et, sans même en prendre conscience, s'est mis au service de nouvelles puissances : les banques qui épuisent nos PME, l'industrie pharmaceutique qui dévore notre Sécurité sociale, l'industrie agro-alimentaire et la grande distribution qui tuent le commerce de proximité et nos producteurs locaux.

Le mal français est là. Le pouvoir est devenu un bouchon qui flotte sur le clapotis des rentes et des modes, dans l'ignorance des courants profonds. L'intérêt national devrait se confondre avec l'intérêt général pour permettre à la France de garder son rang et de se projeter dans le futur. Censé offrir à nos concitoyens liberté et prospérité, il est mis de côté. Au-delà de cette impuissance publique traditionnelle, je me suis souvent interrogé sur l'absurdité de certaines décisions politiques pour rapidement comprendre, en creusant un peu, qu'il ne s'agissait pas d'incompétence mais d'obéissance à des lobbies bien identifiés.

C'est en procédant pendant un an, avec mon collègue Alain Bocquet, à l'audition d'un bon nombre d'acteurs du monde de la finance pour un rapport parlementaire sur les paradis fiscaux que j'ai pris conscience de la gravité de la situation.

Nous étions mieux informés par les syndicalistes des douanes, les policiers de terrain, les juges d'instruction sans moyens que par les directeurs de Bercy et les dirigeants des grandes banques, unis main dans la main.

Sur le sujet épineux de la fraude à la TVA, qui représente une perte annuelle de recettes de 20 milliards d'euros, une somme considérable, l'État s'est voilé la face pendant des années. Il ne voulait pas reconnaître que le système européen qu'il avait contribué à mettre en place était générateur d'une fraude énorme. Face à des escrocs en col blanc qui lui ont soutiré des milliards, ceux que j'ai appelés « les voleurs de la République », nous ne sommes qu'une poignée de parlementaires de tous les horizons à batailler pour durcir les lois et protéger l'État. Même si nos succès ont été minces jusqu'à présent, je dois saluer le courage du socialiste Yann Galut, du centriste Charles Amédée de Courson et de l'écologiste Eva Joly. J'ai suffisamment raconté dans mon précédent livre la démission de l'État pour revenir ici en détail sur cette « zone grise » où se croisent des hommes politiques faibles avec l'argent et des puissances financières sans scrupule. J'ai reçu pour ce rapport le prix du « député de l'année », décerné par la presse parlementaire, mais j'aurais préféré que les gouvernements traduisent en actes nos propositions. Car le problème est politique et uniquement politique. Nous avons la chance inouïe de disposer en France d'une administration performante et honnête. J'ai rencontré pendant mon enquête des agents des douanes exceptionnels et passionnés par leur métier. Mais bien curieusement, tous les gouvernements les uns après les autres essorent les effectifs de cette direction du ministère des Finances.

Comment, par ailleurs, accepter l'acharnement fiscal contre nos PME alors qu'on accorde des privilèges aux multinationales ? 13 % en moyenne de taux d'impôt sur les sociétés pour les entreprises du CAC 40, 33 % pour les autres. Cette distorsion de concurrence explique le succès commercial des unes, qui délocalisent toujours plus et offrent à leurs actionnaires, de plus en plus souvent étrangers, des dividendes croissants, et la faillite des autres – les pauvres petites entreprises de Châteauroux ou de Montluçon qui n'ont pas de jet privé et pas d'amis au Luxembourg. Emmanuel Macron a même été jusqu'à traiter publiquement d'illettrés les ouvriers des abattoirs bretons de l'entreprise Gad, avant de s'excuser. Qu'avait-il dit d'eux en privé ?

Là aussi, impuissance nationale et démission européenne se mêlent. Ce sont bien nos dirigeants qui ont accepté le libre-échange déloyal sans exiger parallèlement un minimum d'harmonisation fiscale et sociale entre les États. Comment tolérer en effet que des pays du cœur de l'Union européenne, comme le Luxembourg ou les Pays-Bas, organisent un système de pillage des richesses de leurs voisins en accordant des taux d'impôts sur mesure, garantis par des rescrits fiscaux, à des grandes entreprises ? On comprend mieux la passivité des gouvernements quand on découvre que des groupes français ou européens comme EADS installent leur holding à Amsterdam ou à Bruxelles.

Le symbole même de l'omerta fiscale qui règne dans notre pays est bien notre échec à remettre en cause le monopole des poursuites pénales en matière fiscale, de Bercy.

Comment accepter que, dans notre pays, le ministre des Finances soit le seul qui puisse décider des éventuelles poursuites pénales à donner à la fraude fiscale d'un contribuable, souvent une personnalité ? Chaque année, un nombre très limité de Français sont poursuivis. On imagine aisément les tractations entre le pouvoir exécutif et les « grands » du royaume, qui peuvent s'exonérer de l'impôt en exerçant quelque chantage discret. De même, pourquoi n'arrive-t-on toujours pas à offrir un vrai soutien public aux lanceurs d'alerte ? Pour avoir appris à connaître Stéphanie Gibaud et Hervé Falciani, je peux témoigner de leur immense dévouement et de leur grande solitude.

Ils ont eu le courage de refuser de prêter la main à des magouilles qui privaient la France de milliards d'euros de recettes fiscales. Des recettes qui auraient été bien utiles, par exemple, pour éviter de supprimer l'avantage fiscal des veufs et veuves, qui a conduit l'an passé des centaines de milliers de petits retraités à payer pour la première fois des impôts ! Quand j'ai rencontré Hervé Falciani, il était obligé de se cacher, loin de sa famille. Aucune entreprise ne voulait l'embaucher. De même, la banque UBS a voulu salir et faire passer pour folle Stéphanie Gibaud, que j'ai choisie comme tête de liste de Paris aux élections régionales de 2015. Pourquoi l'État ne les protègent-ils pas ? Craint-il de voir publier la liste des personnalités françaises détentrice de comptes à l'étranger, celles qui donnent des leçons de morale toute la journée à la télévision… ?

La schizophrénie des dirigeants français et leur lâcheté indiscutables expliquent l'effondrement économique du pays. D'un côté, ceux-ci ont signé une succession d'accords qui exposent nos entreprises à une concurrence de plus en plus féroce et déloyale et, de l'autre, pour acheter le silence du peuple, ils ont laissé augmenter les dépenses publiques, qui accroissent les charges des entreprises et creusent encore plus le gouffre de la dette.

Cette contradiction majeure explique le cercle vicieux des délocalisations et du chômage de masse. Plus les emplois disparaissent, plus les dépenses sociales augmentent, et plus les charges font fuir les entrepreneurs qui vont embaucher ailleurs. Cette même contradiction explique aussi leur double langage à chaque fermeture d'usine : indignation publique vis-à-vis des salariés, bienveillance privée pour les chefs d'entreprise.

Entre ceux qui voudraient abolir tous les acquis sociaux pour nous faire revenir cinquante ans en arrière, à ce qui équivaut au pouvoir d'achat aujourd'hui de l'ouvrier roumain – ce qui serait inacceptable – et ceux qui croient pouvoir continuer à dépenser davantage – ce qui est désormais impossible –, il va de soi qu'il faudra trouver une voie intelligente. Un chemin de crête qui consiste, d'une part, à mettre fin à une concurrence déloyale insupportable et, d'autre part, à devenir raisonnable dans l'octroi des aides sociales. Mais, pour cela, encore faudrait-il reconstruire un État, et vouloir le diriger. Et surtout ne pas dépendre des uns et des autres !

On en est loin quand on observe l'explosion du nombre de « travailleurs détachés » dans notre pays.

Les grandes entreprises sont les premières à soutenir ce système européen opaque qui leur permet d'importer une main-d'œuvre *low cost*, intérimaire, sur le territoire national en payant les charges sociales dans le pays d'origine et non pas en France. Il faut, pour le croire, voir de ses yeux les salariés roumains, polonais, dormir dans leur voiture sur les quais de Saint-Nazaire au pied des paquebots de la société STX.

On vante dans les médias les commandes de navires géants, mais ces chantiers ne profitent pas aux chômeurs locaux, qui y ont autrefois travaillé.

Je vois encore les larmes d'un grand gaillard, ouvrier sur le site du deuxième chantier de France, le terminal méthanier de Dunkerque, m'expliquant qu'il pointait à Pôle Emploi, car son entreprise avait perdu le marché électrique au profit d'une société luxembourgeoise sous-traitant en Italie avec des salariés temporaires venant des quatre coins du monde. Les ouvriers, principalement de l'Europe de l'Est, étaient hébergés au camping voisin depuis des mois. Lorsque les ministres étaient venus visiter le chantier, Dunkerque LNG, filiale d'EDF, leur avait demandé de bien rester sous leurs tentes car il ne fallait montrer que des ouvriers français à la presse parisienne.

Par délocalisations successives, notre pays est vidé de son industrie, de son savoir-faire comme un accidenté se vide de son sang sur le bord de la route, attendant des secours qui ne viennent jamais.

Tous les grands choix publics (opérés en faveur du libre-échange déloyal, des travailleurs détachés et de l'immigration de masse) ont été effectués en France sous la pression des grands groupes qui ont décidé de faire produire ailleurs et par d'autres. Il y a derrière ces grands groupes une nébuleuse de dirigeants servant les intérêts de leur actionnariat, hiérarchie invisible et impitoyable, qu'il est impossible d'approcher et encore moins de questionner. Comme autant de patrons qui n'ont plus de visage ni même de nom !

Le consommateur (qui a un emploi) y gagne au départ, pouvant acheter des produits moins chers, puis il se retrouve à son tour au chômage et consomme moins. Et le peu qu'il dépense alors provient d'une indemnité ou d'un revenu minimum qui coûte une fortune à la nation. Oui, me dira-t-on, mais cet humble revenu lui permet au moins d'aller faire des courses. Certes, mais dans des magasins qui vendent des articles fabriqués en Chine par les entreprises qui ont, justement, mis la sienne en faillite. Cherchez l'erreur ! Où est la logique économique ? Où est la morale sociale ? Où sont nos gouvernants ? Où est la presse ? Il aurait été tellement plus intelligent de protéger notre économie, de faire preuve de sobriété dans la dépense publique et de maîtriser nos flux migratoires pour préserver notre compétitivité et accroître notre prospérité...

Le conflit d'intérêts permanent est partout. Le secteur des autoroutes révèle, quant à lui, un autre scandale : l'incapacité des gouvernements, quels qu'ils soient, à se libérer de l'emprise des sociétés de travaux publics.

Le racket des automobilistes mis en œuvre par les sociétés d'autoroutes, avec le laissez-faire de l'État qui devient complicité, est incompréhensible. Je suis l'un de ceux – peu nombreux – qui n'ont cessé de contester les concessions qui leur ont été accordées. Tous les rapports, de la Cour des comptes aux différentes commissions parlementaires, sans oublier le *Financial Times,* qui ne passe pas pour un de mes soutiens, ont dénoncé la privatisation des sociétés publiques d'autoroutes puis les hausses de tarifs injustifiées.

Le gouvernement Villepin en 2006, pour respecter l'engagement de baisse du déficit auprès de Bruxelles, s'était dit obligé de brader pour 14 milliards d'euros des autoroutes qui en valaient au moins 20, en les vendant à des groupes de travaux publics ! Puis les gouvernements suivants ont accordé des hausses tarifaires et des prolongations de durée, permettant aux sociétés, sans vraies contreparties, de se gaver de profits.

Une société comme Vinci dégage ainsi la plus grande part de ses bénéfices de sa filiale autoroutière[1]. Quand Ségolène Royal a voulu revoir les choses, comme par

1. À hauteur de 60 % de son résultat opérationnel.

hasard, le dossier lui a été retiré, et Matignon a arbitré pour le maintien en l'état des contrats de concession. Pour ma part, je propose la renationalisation des sociétés d'autoroutes, ce qui serait une excellente affaire pour l'État et les automobilistes.

Aujourd'hui un smicard ne peut plus circuler en France en empruntant les autoroutes. Le domaine public est devenu un luxe par le miracle de l'oligarchie d'État et du renvoi d'ascenseur. Vive la République bananière !

Pourquoi cette incapacité de nos gouvernements à faire triompher l'intérêt général ? Pourquoi cette myopie et cette faiblesse à l'égard des pressions et des lobbies ?

Parfois, en séance nocturne, quand le gouvernement ne tient plus sa majorité, quelques députés libres entendent voter en fonction du seul bien commun. On peut alors observer la pâleur du ministre, l'agitation des conseillers des cabinets qui se mettent à téléphoner. Que se passe-t-il ? Les parlementaires ont soudain la nostalgie de la vertu. À la faveur de la nuit, on sent souffler un vent de morale, on se dit qu'il est tard et que le souci d'autrui, que le sort des pauvres, des chômeurs, des mal-logés, des retraités, des artisans, n'est plus une abstraction. Ce sursaut s'évanouit pourtant au lever du jour !

Ainsi, à la fin de la présidence de Jacques Chirac, lorsqu'une majorité a réussi à imposer pour quelques jours la licence globale, c'est-à-dire la possibilité de télécharger librement les œuvres sur Internet en finançant autrement les droits d'auteur, les lobbyistes des majors du disque étaient défaits, et livides. Ils ne le sont pas restés longtemps. Les choses sont vite rentrées dans l'ordre : le leur !

De même, il fallait voir pour le croire Fleur Pellerin, encore ministre de la Culture de notre République, luttant contre la proposition de loi des Verts visant à interdire la publicité pendant les émissions pour les enfants sur France Télévisions. Dans un sursaut de dignité, l'hémicycle approuva la fin d'un scandale privilégiant le bien-être de nos enfants plutôt que le tiroir-caisse des marchands de temps de cerveau disponible. Fureur du gouvernement qui se dit socialiste et qui promet de revenir sur ce vote ! Mme Pellerin devrait porter la casquette Quick ou McDonald's !

En définitive, l'État est devenu faible avec les forts et fort avec les faibles. Il est comme une boussole qui aurait perdu le nord. Il ne défend plus l'intérêt général. Le comble du comble est sans aucun doute la négociation du Traité transatlantique (ou Tafta) entre les États-Unis et l'Union européenne. Les parlementaires nationaux, représentants du peuple, n'ont pas le droit de lire le projet de traité et l'état de la négociation sans être surveillés par un représentant des affaires étrangères[1]. Un mode de procédure a même été rédigé, interdisant l'utilisation d'appareil photo au cas où le député voudrait garder un souvenir des dispositions écrites. Nous sommes traités en délinquants. C'est la fin de la démocratie. Mais le pire

1. Sur les conditions de consultation des minutes de la négociation Tafta : <http://blog.nicolasdupontaignan.fr/post/Trait%C3%A9-de-commerce-transatlantique-%3A-vers-le-coup-d%E2%80%99Etat-europ%C3%A9iste>

est sans doute que le ministre n'est pas mieux informé de l'état des négociations par la Commission de Bruxelles. Voilà pourquoi je demande un référendum sur l'adoption du Tafta.

À ceux qui pourraient me reprocher d'exagérer, il faut raconter l'affaire Alstom, qui se résume ainsi : un fleuron de notre industrie, primat de notre indépendance nucléaire, a été dépecé avec la complicité de notre gouvernement en l'espace de quelques mois ! Un grand chef d'entreprise, M. Kron, a vendu son âme et bradé notre industrie à General Electric en imposant, par ses relais patronaux et médiatiques, sa décision au gouvernement.

Le président de la République, de son côté, a fait semblant de négocier. Il sait très bien faire semblant. Dans les mois qui ont suivi, le dépeçage a commencé. Il ne fait pas de doute que les principaux dirigeants d'Alstom ont été grassement remerciés en stock-options pour avoir fait preuve de docilité. Après Péchiney et Arcelor sous le gouvernement Raffarin, Alstom, Lafarge et Alcatel viennent d'être démantelés et sont passés en 2015 sous pavillon étranger.

Il ne faudra pas venir pleurer à mesure que les centres de décision seront délocalisés, les brevets pillés et nos ouvriers et savoir-faire jetés. Les doctes experts expliquent qu'ainsi va l'économie mondiale. Moi, j'y vois surtout des drames humains. À chaque fois, l'oligarchie sait endormir le peuple pour lui expliquer que tout va bien dans le meilleur des mondes et que la soumission à des entreprises étrangères le rendra plus heureux. J'aimerais savoir par quel circuit d'influence les journaux télévisés de France

2 et de TF1 ont accueilli en grande pompe à 20 heures le même jour (30 avril 2014) les patrons des groupes qui ont organisé le hold-up industriel du siècle : Jeffrey Immelt, PDG de General Electric et conseiller à l'emploi de Barack Obama, et Patrick Kron, PDG d'Alstom.

Un autre exemple ? Ce n'est pas très difficile ! Il n'y a que l'embarras du choix.

À la veille de l'OPA du groupe indien Mittal sur le groupe sidérurgique Arcelor, le magazine *Le Point* publie (tiens donc !) un panégyrique de l'industrie indienne. J'ai appris plus tard que le propriétaire de l'hebdomadaire siégeait au conseil d'administration du groupe Mittal.

Il faut voir aussi comment les entreprises du CAC 40, qui n'ont plus rien de français que le nom, sont engagées dans une fuite en avant sans fin pour combler leurs actionnaires. Une étude récente révèle que les entreprises investissent peu, privilégiant une logique à court terme. L'État même, lorsqu'il est actionnaire, préfère le versement de dividendes pour diminuer ses trous budgétaires, plutôt que l'investissement à long terme. À quoi sert-il donc ? Où est le cap à moyen terme, la vision stratégique de l'avenir ? Quelle politique industrielle au service de notre nation ?

Une chose est sûre : la France ne peut plus continuer à subir une telle situation. Notre passé entrepreneurial, notre savoir-faire, notre expérience, ne peuvent ainsi être effacés d'un coup de gomme. Les autres l'ont bien compris : pendant ce temps, les États-Unis rapatrient leurs usines, la Chine monte en gamme, l'Allemagne défend ses champions. Preuve s'il en était besoin qu'il n'y a aucune fatalité à devoir vendre par morceaux, à la découpe, aux enchères, les meilleurs succès français. Mais ce qui est vrai pour l'industrie l'est encore plus pour notre agriculture.

L'exemple agricole est saisissant de vérité et d'injustice. Tous les deux jours, un agriculteur français se suicide dans l'indifférence générale. C'est en rencontrant, lors de ma recherche des parrainages, Anne Boissel, maire du village de Saon dans le Calvados et agricultrice, que j'ai compris l'ampleur de la crise agricole.

Cette jeune femme éleveur laitier avec son mari avait eu le courage d'organiser la « grève du lait » pour protester contre la pression des coopératives et des industriels du lait sur les producteurs.

Lorsque le prix garanti européen a été supprimé par les ministres de l'Agriculture, les industriels ont effectué un véritable chantage aux éleveurs : « Nous ne viendrons collecter votre production que si vous signez un contrat de livraison quotidien sur plusieurs années dont le prix ne sera pas connu à l'avance. » Qui accepterait de s'engager à travailler cinq ans sans connaître à l'avance son salaire ? Anne Boissel et beaucoup d'autres ont préféré jeter le lait plutôt que subir ce nouveau servage. Cette femme a compris que seul l'engagement politique permettrait de traiter les causes des maux que l'on dénonce. Elle nous a rejoints depuis et est devenue l'une des vice-présidentes de Debout la France.

Pour avoir visité des dizaines d'exploitations à travers tout le pays, je peux témoigner du véritable supplice qui est imposé à nos éleveurs. Dans l'élevage, le prix d'achat du lait, par exemple, couvre tout juste le coût de la production sans permettre la rémunération de l'éleveur ni, bien sûr, le renouvellement des installations. Seuls peuvent survivre ceux qui ont de très grosses exploitations avec un matériel déjà amorti et souvent une double activité familiale. Les coopératives ou les industriels du lait qui achètent aujourd'hui le litre moins de 30 centimes d'euro privent les producteurs des 4 ou 5 centimes par litre qui leur permettraient de vivre décemment. Et en ne répercutant pas ce gain sur le consommateur, ils maximisent leur profit et cassent la totalité de la filière. Nous serons bientôt importateurs de lait des fermes-usines allemandes ou hollandaises. Puis, comme il ne sera pas économiquement viable de faire circuler des camions-citernes à travers toute l'Europe, nos coopératives fromagères, comme pour la volaille, délocaliseront dans les pays de l'Est, où de nouveaux esclaves venus de Syrie travailleront douze à quatorze heures par jour pour le quart d'un SMIC français !

C'est la loi du marché, diront certains ! Non, et non, car nous avons vécu pendant quarante ans avec une Politique agricole commune qui garantissait un prix raisonnable permettant aux producteurs de vivre et d'investir grâce à des quotas de production par pays évitant la concurrence déloyale et la surproduction.

Qui a supprimé ce système qui fonctionnait bien ? Les ministres Barnier, puis Le Maire et enfin Le Foll. Qu'ont-ils dit ? « La fin du prix garanti et des quotas est contraire à l'intérêt de notre pays, mais nous n'avons pas pu convaincre les autres pays membres de l'Union européenne. » La France, si elle en avait eu la volonté aurait dû invoquer le fameux compromis de Luxembourg, c'est-à-dire le droit de veto sur une décision lorsque l'intérêt national est gravement atteint. Aujourd'hui, le piège s'est refermé : nos éleveurs ont le choix entre abandonner la partie les uns après les autres, ou créer avec des fonds financiers et à crédit, des fermes-usines à l'allemande, où les vaches deviendront des robots, ne verront plus un brin d'herbe et produiront un lait médiocre.

Ce qui est accepté dans un pays comme la Hollande qui dispose de peu de superficies agricoles est une absurdité en France, pays aux terroirs si multiples et à la densité si faible. Qui entretiendra les pâtures, en plaine autant qu'en montagne, quand les éleveurs auront disparu ? Qui paiera ? Sans évoquer même la qualité alimentaire française issue d'un savoir-faire ancestral…

Cette évolution de la production laitière résume à elle seule la collusion de quelques intérêts industriels avec une Union européenne qui sert les intérêts de nos voisins au détriment des nôtres. La passivité de nos gouvernements successifs est un crime contre la raison et un crime contre la nation !

M. Beulin, nouveau patron de la FNSEA, principal syndicat agricole, n'est pas un paysan ! C'est une première. Il dirige un empire agro-alimentaire qui joue contre les producteurs. Imposture suprême, il leur fait croire, avec quelques manifestations symboliques, qu'il les défend alors qu'il les exploite. À la dernière, il a d'ailleurs été copieusement hué par ses adhérents. À l'inverse, j'ai une immense admiration pour les leaders syndicaux de ses concurrents : la Coordination rurale et même la Confédération paysanne, qui essayent de faire connaître la vérité.

Quand un pays ne sait plus nourrir ceux qui le nourrissent, il y a de quoi s'inquiéter.

Des paysans étranglés, des ouvriers abandonnés, des artisans commerçants ruinés par le régime social des indépendants, voilà le vrai visage de la France qui souffre. Une France asservie par des intérêts qui tels un vampire pompent les richesses du pays.

Longtemps, on nous a fait croire qu'il ne s'agissait que d'une crise passagère. Depuis la fin de mes études, j'entends chaque Président évoquer à intervalles réguliers, pour calmer le peuple, la fameuse « sortie du tunnel ». Il n'en est rien, bien sûr, car à mesure que la courbe du chômage monte (6,5 millions pour les catégories A, B, C, D, E, dont 3,85 millions pour la seule catégorie A), que le pouvoir d'achat stagne, voire régresse, que les impôts d'un système en perdition augmentent et que l'insécurité et maintenant les attentats se multiplient, les Français commencent à comprendre que le mal est structurel et politique.

À une époque plus lointaine, l'empereur romain Marc Aurèle disait : « Vous pouvez tondre le peuple, mais prenez garde à ne pas l'écorcher. » Ce sont les humiliations et les injustices qui, aujourd'hui, révoltent le plus nos concitoyens et expliquent leur dégoût de tout.

Je pense à ma rencontre avec ces chauffeurs routiers, aux environs de Douai, dans un dépôt de Geodis, filiale transport de la SNCF, société publique, écœurés de voir des chauffeurs des pays de l'Est les remplacer et n'être jamais arrêtés pour leurs infractions par les gendarmes sur les routes car les amendes ne sont jamais payées. « Non seulement on nous remplace comme des chiens, après vingt ans de carrière au SMIC, mais en plus on nous reproche d'être moins productifs que ceux qui trichent avec toutes les règles de sécurité qu'on nous impose. Car nous Français, les gendarmes nous arrêtent à la moindre faute. »

Ce « deux poids, deux mesures » devient de plus en plus insupportable. Un conducteur de RER me disait récemment : « Il y a eu sept morts dans la catastrophe à Brétigny-sur-Orge, et du haut au bas de l'échelle, aucune sanction, alors que tout s'explique par des défauts d'entretien graves. » Dans une démocratie normalement constituée, le patron de la SNCF aurait remis au ministre des Transports sa démission.

Pourquoi autant d'indifférence de la part de ceux qui nous gouvernent à cette souffrance sociale, à ces injustices, à ces humiliations ?

Jamais la coupure entre les décideurs et les Français n'a été aussi profonde sous la République. La raison en est simple : ils ne vivent pas la même réalité quotidienne que le peuple dont ils ont la responsabilité. Ils vivent par affinité dans un ghetto : les mêmes quartiers à Paris et dans quelques « réserves » pour leurs vacances, où ils fréquentent des gens qui pensent comme eux. Tous sont prisonniers sans s'en rendre compte du même petit monde. Mais plus ce monde prend l'eau, miné par ses contradictions et ses échecs, plus ils se crispent en voulant imposer coûte que coûte leur vision des choses. Reconnaître la simple réalité du chômage de masse, de la misère qui s'étend, du choc des cultures et des religions, ce serait admettre leur propre responsabilité, pire l'effondrement de leur rêve douillet de bobos-libéraux. Ils cultivent la suffisance des staliniens de Saint-Germain-des-Prés, dans l'après-guerre, fiers d'avoir tort avec Sartre plutôt que raison avec Raymond Aron !

Non seulement ils se sont trompés, mais en plus ils rejettent la faute, en les culpabilisant, sur les Français qui souffrent de leurs erreurs.

Nos compatriotes ne supportent plus le travestissement de la réalité. Jamais le miroir des médias n'a été aussi déformant qu'au moment de la crise des migrants, à l'été et à l'automne 2015. Chaque matin, on nous a servi un véritable catéchisme, auquel il fallait obéir sous peine d'excommunication. Libres à certains éditorialistes d'exprimer leur opinion, mais pourquoi cette arrogance et ce mépris pour celles et ceux qui émettent un avis différent ?

Cette omerta idéologique, mélange d'intérêts bien compris et de bons sentiments cathodiques finit de bloquer les dirigeants, obsédés par l'élection prochaine, par leur image, par les médias qu'il ne faut pas froisser et dont il faut se faire des alliés… Dans ces circonstances, difficile de porter haut et fort ses convictions, de dire la vérité si dérangeante. Cela ne concerne pas seulement la question européenne mais tous les domaines intérieurs, comme la sécurité ou l'école.

Dire des choses simples et vraies passe pour un crime de lèse-majesté. Le fonctionnement de notre justice en est un exemple. Depuis des années, les élus locaux de France, les policiers, les gendarmes, mais aussi les simples citoyens connaissent, subissent une délinquance de plus en plus violente. Et pourtant, tous les gouvernements sans exception, en dépit des discours, ont allégé les peines, supprimé les cas d'incarcération, compliqué la tâche des forces de l'ordre, négligé les victimes.

La situation est invivable pour bon nombre de nos concitoyens des quartiers dits difficiles. Mais rien ne change car la pensée dominante veut que le voyou soit plaint comme s'il était la victime ! Cette inversion totale des valeurs qui a conduit à un échec évident est niée par une minorité au pouvoir.

Dans la plupart des pays du monde, l'ordre règne mais en France, il se dérègle sans cesse, jusqu'à l'état de jungle. Aucun dirigeant n'ose s'en prendre au dogme selon lequel la prison serait inutile. Même Nicolas Sarkozy a accepté la loi Dati (pas d'incarcération pour une peine de moins de deux ans) qui préfigurait la loi Taubira (pas d'incarcération pour une peine de moins de cinq ans).

Dogme encore et toujours, dogme intouchable de nature identique sur l'école publique où, gouvernement après gouvernement, on assiste à la démolition systématique de l'école méritocratique de la République.

La réforme du collège de 2014 de Mme Vallaud-Belkacem, après celle du chamboulement des rythmes scolaires de l'école primaire, a été imposée contre l'avis de tous. Il est frappant de constater que l'équipe dirigeante de la FCPE, syndicat de parents d'élèves de gauche, a été battue à plate couture lors de son congrès, le lendemain du jour où elle recevait en grande pompe la ministre !

Dans le même esprit, je fus stupéfait, lors de la conférence de presse que je donnais avec Jean-Paul Brighelli, de la question militante d'une journaliste influente, en charge de l'éducation : « Pourquoi critiquez-vous la diminution des horaires de français puisque tous les cours sont en français ? »

Il faut l'entendre pour le croire. La même journaliste m'interpella ensuite assez sèchement sur notre proposition de supprimer le surréaliste enseignement des langues et cultures d'origine, me reprochant de nuire à l'intégration des enfants d'immigrés.

J'ai perçu sa consternation quand je lui ai répondu que ces enfants avaient davantage besoin de cours de français car la mission de l'Éducation nationale n'était pas de conforter les particularismes, mais de renforcer la cohésion nationale.

Les pédagogistes qui ont tué le ministère de l'éducation nationale, alliés aux ultralibéraux qui rêvent d'imposer le système anglo-saxon inégalitaire, soutiennent une réforme qui réduit les exigences, rabaisse l'enseignement, diminue le nombre d'heures dispensées dans les savoirs fondamentaux (3 heures de français par semaine au collège contre 6 il y a vingt ans, notre langue n'est donc plus maîtrisée à sa sortie) et multiplie les heures de travaux interdisciplinaires, c'est-à-dire de bavardages fumeux. La suppression de l'enseignement du latin et du grec est aussi un crime contre la civilisation. La réaction de l'opposition a mis du temps à venir. Mais quand on sait que Luc Chatel, ancien ministre UMP de l'Éducation nationale, avait approuvé dans un premier temps la réforme.

Je suis toujours surpris de la différence de perception des réalités entre Paris et Yerres, pourtant à vingt kilomètres l'un de l'autre.

S'il y avait des camps de Roms au jardin des Tuileries comme à Vigneux, si comme l'artisan du coin, Marc-Olivier Fogiel était remplacé à RTL par un animateur chinois ou polonais dix fois moins cher, si l'agresseur d'un mannequin vedette était libéré avant d'être jugé six mois plus tard, comme cela se produit tous les jours en Essonne ou en Seine-Saint-Denis, si le métro entre Place d'Italie et Passy était dans l'état des RER entre Villeneuve-Saint-Georges et Melun, les choses changeraient très vite dans notre pays.

Je n'exagère pas. Quand on apprend que les juges du tribunal d'Évry, qui rend souvent des décisions favorables, voire laxistes, ont récemment exigé d'être protégés à la sortie des audiences et demandent même la présence dans le hall des forces de l'ordre, même quand il n'y a aucun risque…

Je ne suis donc pas surpris de l'écho qu'a eu mon altercation avec Michel Denisot et Jean-Michel Aphatie, sur le plateau du « Grand Journal » de Canal + pendant la campagne présidentielle de 2012[1]. Rien n'était

1. Jean-Marc Morandini, « Gros clash entre Nicolas Dupont-Aignan et l'équipe du Grand Journal » : <http://www.jeanmarcmorandini.com/

prémédité. Je ne supportais plus, au terme de la campagne, l'arrogance et le mépris de certains éditorialistes pour ce qu'ils appelaient « les petits candidats ». Si j'avais parlé de petits journalistes, on imagine le tollé ! Lorsque j'ai vu Denisot et Aphatie sourire tandis que je parlais de la misère dans le pays liée au chômage de masse (moquerie que le téléspectateur ne voyait pas), j'ai, il est vrai, explosé et leur ai demandé qu'ils communiquent en direct leur salaire.

En sortant du studio, j'ai vécu un moment d'émotion inattendu, discret mais très touchant d'un jeune gardien qui me serra la main avec effusion, en m'offrant un cadeau publicitaire qu'il venait de recevoir comme si c'était tout ce qu'il avait à m'offrir et comme s'il s'en excusait : « Merci de nous avoir vengés à l'antenne, nous les petits, nous les pauvres. Nous ne supportons plus leurs leçons et leur mépris. » Manifestement les Français non plus puisque nous avons reçu les jours suivants des centaines d'adhésions à notre mouvement. Trois ans après, je reçois toujours des mails de félicitations à propos de cet incident de plateau.

Mais pourquoi alors nos dirigeants ne réagissent-ils pas ? Connaissent-ils seulement l'état réel du pays ? Ils ne vivent pas les difficultés quotidiennes de leurs concitoyens mais ils les connaissent en partie mieux que les éditorialistes, les vedettes du show-biz, les patrons du

---

article-284522-morandini-zap-gros-clash-entre-nicolas-dupont-aignan-et-l-equipe-du-grand-journal-de-c.html>

CAC 40, les eurocrates de Bruxelles, qui, eux, vivent carrément sur une autre planète.

En vérité, le coût médiatique et politique de la levée des tabous leur paraît trop élevé comparé à ses bénéfices électoraux. L'obsession de l'image est telle, non pas pour remporter la compétition officielle (l'élection présidentielle), mais finir en tête de la pré-sélection qui permet d'accéder au combat final, qu'aucune « star » politique ne veut se fâcher avec les prescripteurs d'opinion.

Ces prescripteurs qui eux-mêmes, à l'exception de quelques éditorialistes très militants, ne font que suivre le mouvement de zapping dicté par l'audimat et donc par l'émotion. Audimat qui trouve heureusement ses limites, comme en témoigne, par exemple, la chute d'audience en 2015 du « Grand Journal ».

Combien de fois ai-je rencontré des journalistes sérieux et impartiaux qui se disaient tristes de toujours devoir résumer l'information pour la rendre prétendument comestible ?

Il en va du journalisme comme de la politique. Celles et ceux qui parlent le plus ne représentent pas la réalité d'une profession ou d'un milieu. La plupart des journalistes comme une large majorité des élus sont consciencieux et sincères. Je me souviens par exemple de la visite du camp de Roms de Wissous dans l'Essonne, accompagné par quelques journalistes. Ceux d'entre eux qui vivaient dans nos banlieues comprenaient tout à fait mon discours et l'exaspération du maire de la commune, impuissant face à la petite mafia qui avait pris possession de cette partie de la ville. Ceux qui n'avaient jamais quitté le centre de Paris et qui semblaient très engagés politiquement voulaient me faire passer pour un horrible fasciste.

Malgré tout le « système » est bloqué. Les intouchables se serrent les coudes, déconsidérant leurs confrères ou leurs collègues.

Il n'y a pourtant pas de démocratie possible sans des médias indépendants, curieux, inventifs, comme il n'y a pas de République vivante sans diversité et liberté politique. Il est temps d'aérer le système !

Les présidents, ministres, chefs de parti, aidés par leurs conseils en communication, raisonnent en termes de « séquences », mot issu du cinéma, ce qui n'est pas un hasard.

Ma chance est de ne pas avoir les moyens de me payer une équipe de communication ! Je ne crois pas non plus que je la supporterais et je suis sûr qu'elle non plus. C'est en allant tous les samedis tout seul à la rencontre de mes concitoyens à Yerres, ma commune, et dans les villes de ma circonscription, que je m'imprègne à ma façon des soucis, des colères, des attentes, des suggestions des Français. C'est par mes nombreux déplacements à la rencontre des fédérations de Debout la France, partout dans le pays, que je prends la température à l'ancienne.

Cela prend du temps, ce n'est pas très médiatique. Aujourd'hui, la forme l'emporte sur le fond, l'instant sur la durée, le spectaculaire sur le sérieux. L'homme politique superficiel, hâbleur, paresseux, est favorisé, interrogé, sollicité au détriment de celui qui écoute ses administrés, travaille ses dossiers et propose avec rigueur des solutions concrètes à ses concitoyens.

Nicolas Sarkozy et Manuel Valls, Jean-Marie Le Pen à sa façon par ses saillies provocatrices, ont merveilleusement su jouer du système. Jean-Marc Ayrault fut vite renvoyé à l'oubli par le nouveau Premier ministre, qui n'a pas hésité, pour se faire entendre, à salir son pays en parlant d'« apartheid », comme en son temps le candidat Sarkozy avait utilisé le mot « Kärcher » pour se hisser dans les sondages.

Mais qui croyait prendre est vite pris à son tour. La boulimie médiatique dévore les meilleurs talents autant que les médiocres. L'événement-surprise hebdomadaire, la surenchère des mots toujours plus forts, plus repris, ne suffisent plus et se retournent contre leurs auteurs. Certaines paroles brillent plus que les autres mais elles s'éloignent plus vite et on retrouve une réalité sans lumière et qui n'a pas changé.

Tant de coups d'éclat pour rien, tant de slogans trompeurs, tant de prises de position martiales et si peu d'effets. Moins le pouvoir a le pouvoir, plus il parle fort, et surtout moins il est crédible. Le discrédit des uns, très exposés médiatiquement, rejaillit sur l'ensemble de la classe politique et nuit à la démocratie tout entière.

Il n'y a quasiment plus de débats à la télévision aux heures de grande écoute sur les chaînes généralistes. Certes, les chaînes d'information en continu ont fait du bien à la diversité politique, mais elles ne concernent que les Français qui s'intéressent à la chose politique. Un ami ayant passé plusieurs années à l'étranger me disait récemment combien il avait été sidéré par l'esprit de dérision qui règne en France.

Tout est prétexte à la moquerie, forme ultime d'un nihilisme destructeur qui participe du dégoût des Français de la politique. Le succès de l'émission « Le Petit Journal » est tout à fait symptomatique de cet état d'esprit qui, en fin de compte, casse l'esprit de révolte (puisque tout est décrit comme faux et pourri) et installe la résignation dans la jeunesse : « On ne peut rien changer car ils sont tous pareils », c'est le message subliminal.

J'accepte que l'on se moque de moi, mais je n'accepte pas que l'on manipule les faits pour se moquer de moi. Ainsi, une équipe du « Petit Journal » avait volontairement interviewé les militants de Debout la France avant un meeting en faisant croire qu'ils avaient été questionnés à la sortie, après mon discours. Bien évidemment, ils passaient pour des demeurés et moi pour un leader incapable de les convaincre. Nous nous en sommes aperçus car curieusement, à l'image, il faisait jour alors qu'en réalité à la sortie du meeting, il faisait nuit. Un exemple, parmi tant d'autres, d'une forme malsaine de tyrannie du rire, mais aussi du vide !

Comment s'étonner dans ces conditions de la désaffection progressive des Français pour la politique ? Une désaffection qui, contrairement à l'idée reçue, conforte les sortants incapables qui se succèdent depuis vingt ans. Elle interdit le retour d'une espérance portée par de nouvelles équipes, qui sont difficilement audibles dans le brouhaha quotidien.

Parallèlement, le système institutionnel est bloqué, empêchant les contre-pouvoirs de jouer leur rôle naturel.

5

Du régime des partis au régime du parti

Obnubilés par leur ambition présidentielle, prêts à tout pour réussir, à plat ventre devant le haut clergé médiatique, prisonniers d'engagements européens successifs irréfléchis, ceux que j'appelle les « grands du royaume » ont tout simplement oublié de gouverner, laissant la France décliner en pilotage automatique.

Leur seul objectif : conquérir le pouvoir, le conserver, servir leurs maîtres et assister un peu leurs concitoyens pour qu'ils ne se révoltent pas. On comprend mieux alors le pourquoi et le comment de la gestion à la petite semaine, au gré des sondages et des pressions exercées par les uns et les autres qui est devenue la règle dans notre pays

L'explosion de la dette, le dépeçage de notre industrie, la montée de l'immigration et du communautarisme, la baisse du pouvoir d'achat… la France est une proie que s'entre-déchirent des groupes de pression.

Nos gouvernants pourraient être mille fois poursuivis pour haute trahison, au titre de leur bilan moral et financier.

Pendant ce temps le peuple français n'a pas démérité, sanctionnant ses dirigeants à chaque terme de mandat. En vain, ceux-ci se sont succédé pour mener, imperturbablement, la même politique catastrophique. Une fois élus sur la promesse d'une rupture, ils l'ont reniée pour poursuivre « l'œuvre » de leur prédécesseur… en pire.

Pourquoi ont-ils eu les mains libres ? Où sont passés les contre-pouvoirs, le Parlement ? Que sont devenus les partis politiques ? Pourquoi aucun renouvellement ou presque des hommes, des méthodes et des idées ? Pourquoi encore cette dictature d'une technocratie hors sol, qu'elle soit nationale ou européenne ? Pourquoi ce poids des corporatismes et des intérêts particuliers au détriment de l'intérêt général ?

J'ai évoqué le coup d'État européen, j'ai insisté sur la complicité médiatique, mais il faut aussi crever l'abcès institutionnel et politique.

Notre Ve République que j'ai admirée, architecture gaulliste, n'a-t-elle pas sa part de responsabilité dans la sclérose politique actuelle ?

Certes, il fallait bien en finir avec l'instabilité de la IVe, mais fallait-il pour autant passer du régime des partis à celui du parti unique ? Les élections régionales de 2015 ont prouvé, par le suicide du PS, l'existence même de cette collusion de tous les jours, révélée soudain au grand jour.

J'ai très souvent le sentiment que nous ne vivons plus en démocratie. Le poisson a pourri par la tête. Là aussi il n'y a pas une cause unique.

Les présidents successifs n'ont tout d'abord pas été à la hauteur de leur charge. Des politiciens à courte vue, sans véritable culture historique, plutôt que des hommes d'État se distinguant par une vision historique et un sens de l'intérêt général. En un sens d'ailleurs, l'échafaudage de la Ve a été utile pour les faire tenir droit et sauver l'image internationale de la France. À l'inverse, on peut dire que cela a masqué aux yeux des Français leur faiblesse intrinsèque. Un Nicolas Sarkozy ou un François Hollande auraient été bien vite renversés par la Chambre sous la IIIe ou la IVe République.

Ces présidents ont accaparé les pouvoirs sans en assumer la contrepartie pensée, voulue et pratiquée par le général de Gaulle : le référendum. Seul Jacques Chirac a eu le cran de consulter les Français. Mais Nicolas Sarkozy, comme la gauche de gouvernement, en a refusé le principe après coup, niant le verdict des urnes, aggravant encore l'amertume de nos concitoyens qui ont compris combien ils étaient méprisés et combien leur avis comptait peu.

Quant à la vie parlementaire, elle a été cadenassée comme jamais par le passage au quinquennat et la création d'un parti unique à droite. Le général de Gaulle n'avait jamais souhaité la fin du multipartisme, simplement un meilleur équilibre entre l'exécutif et le législatif.

J'ai vécu de près les ravages de la création de l'Union pour la majorité présidentielle (UMP).

En 1997, quand j'ai rejoint le groupe RPR à l'Assemblée nationale, la concurrence entre les gaullistes, les libéraux de Démocratie libérale et les centristes produisait certes des divisions, mais aussi une émulation politique et intellectuelle. Les débats au sein du groupe RPR de l'Assemblée nationale qui se réunissait tous les mardis matin étaient intéressants. Des personnalités fortes échangeaient dans une atmosphère de grande attention. Deux lignes politiques, idéologiques, s'affrontaient à fleurets mouchetés : la ligne nationale, portée par Philippe Séguin, Charles Pasqua, la ligne libérale d'Alain Juppé à Edouard Balladur, en passant par Nicolas Sarkozy.

La diversité des opinions de la droite française au sens large était représentée. La présence de deux candidats, Balladur et Chirac, à la présidentielle de 1995 n'a pas empêché la victoire sur la gauche.

De ce point de vue, la création de l'UMP a été une fausse bonne idée qui, sous le prétexte de l'unité, avait pour objectif masqué de liquider le peu de gaullisme restant au sein du RPR, dernier lien avec l'électorat populaire, ouvrier. Une fois élu, Jacques Chirac n'avait plus besoin d'afficher le patriotisme républicain qui lui avait permis de l'emporter sur Edouard Balladur.

L'épisode du RPF avait de surcroît traumatisé la chiraquie. Charles Pasqua s'était dressé avec courage contre la dérive européiste et libérale du RPR. Je me souviens comme si c'était hier d'un conseil national, fin 1998, à l'hôtel Méridien-Montparnasse. J'étais à la tribune entre Nicolas Sarkozy et Charles Pasqua. Avec son œil malicieux et son verbe coloré, ce dernier, avant de prononcer son discours au pupitre, me susurra à l'oreille : « Accrochez votre ceinture, Nicolas, cela va secouer ! » Il commence alors un réquisitoire contre la pensée unique bruxelloise et demande au mouvement de réagir en gaulliste, sous peine de disparition.

Tout y passe : le traité d'Amsterdam qui va nourrir une explosion de l'immigration, la faiblesse de l'État et l'insécurité, l'abandon de nos forces vives agricoles et industrielles, la cohabitation molle, l'oubli du peuple qui risque de se tourner vers le Front national. À la fin du discours, Nicolas Sarkozy bondit à la tribune et improvise, en défense de la ligne politique officielle, celle de Jacques Chirac, qui mènera à la création de l'UMP. Le divorce était consommé entre Charles Pasqua et Jacques Chirac.

Suivra le magnifique succès de la campagne européenne de 1999 où nous devançons avec Philippe de Villiers la liste RPR conduite par Nicolas Sarkozy (après l'abandon de Philippe Séguin).

Au lendemain de ce succès, Charles Pasqua et Philippe de Villiers m'invitent à partager leur tour de France pour lancer leur mouvement, le Rassemblement pour la France (RPF). Dans un petit avion, en quarante-huit heures, nous faisons la visite d'une dizaine de métropoles régionales. Le duo fonctionne à merveille, grâce à la gouaille de Charles et aux bons mots ciselés de Philippe. Les deux droites, la bonapartiste et la catholique, si différentes, sont réunies. Les salles sont pleines à craquer. Dans l'avion, entre chaque étape, Charles Pasqua nous fait goûter son saucisson corse en nous contant sa vie hors du commun. J'apprends beaucoup et vite. Le congrès de la Porte de Versailles, le 21 novembre 1999, lance ensuite le mouvement avec plus de 20 000 personnes présentes. C'est un immense succès. Je suis en charge à nouveau des fédérations. Je me reprends à espérer. Les divisions entre Charles Pasqua et Philippe de Villiers vont hélas fissurer le bel édifice naissant. Charles Pasqua, avec sa bonhomie truculente, encercle Philippe de Villiers qui ne veut pas perdre son indépendance et s'inquiète du fonctionnement du mouvement comme de son financement. Deux tempéraments, deux cultures, deux visions de la politique s'affrontent. Suivront des « affaires » qui, comme par hasard, sortiront à point nommé pour atteindre le mouvement. Il s'en est fallu de peu pour que ce renouveau patriotique ne réussisse tant il y eut un réel engagement du peuple de droite pour le RPF.

Le passé commun de Charles Pasqua et de Jacques Chirac, cette longue histoire depuis 1976, avait accumulé trop de liens complexes et opaques pour pouvoir supporter un divorce à l'amiable. Les boules puantes furent jetées. Le fait majoritaire était encore trop dominant. Nous ne fûmes que quatre députés, Lionnel Luca, Jacques Myard, Jean-Jacques Guillet et moi, à oser franchir le pas en adhérant au RPF.

Charles Pasqua m'avoua un jour de lassitude : « Nicolas, je n'aurais pas dû créer ce parti. Je ne suis pas fait pour cela. Vous êtes jeune, pensez à vous, quittez le navire le plus vite possible. » J'étais ce jour-là profondément triste. J'aimais cet homme si caricaturé, si sali dans la presse. Il était bon, aimait vraiment les gens, sans parler de la France pour laquelle il avait, à dix-sept ans, risqué sa peau dans la résistance. Il avait tellement fait toute sa vie le sale boulot pour les autres qu'il n'avait plus la capacité de prendre son indépendance, même pour une cause qui le justifiait amplement. Jacques Chirac l'avait instrumentalisé et était prêt à le tuer politiquement, de peur de le voir menacer sa réélection en 2002.

Mon seul regret fut ensuite de ne pas avoir pris le temps de le revoir assez souvent. Mais j'ai toujours suivi sa leçon : ne jamais faiblir. Je l'entends encore me dire : « Mon petit, qui lutte vit. »

Loin de regrouper les qualités des partis, ce mélange UMP a additionné les défauts de chacun de ses fondateurs : d'un côté, le projet des centristes, en décalage avec les aspirations du peuple et, de l'autre, le fonctionnement sectaire et brutal du RPR.

Jacques Chirac, conseillé par Jérôme Monod et Alain Juppé, était à la manœuvre. Seul François Bayrou, au centre, eut le courage de s'opposer à l'UMP. Pour ma part, j'étais trop affaibli par mon passage au RPF, brisé par la division Pasqua/Villiers et pas assez connu des Français pour m'opposer publiquement à la disparition du RPR.

Je n'ai cessé pourtant de rencontrer les personnalités du RPR pour les alerter sur la folie que représentait le sabordage de ce qu'il restait du mouvement gaulliste. À chaque fois on me répondait la même chose : « C'est triste, mais on ne peut rien faire. Jacques Chirac a tranché. À quoi bon résister pour rien. »

Je me souviens encore de ces élus qui se disaient gaullistes et qui, une fois de plus, abdiquèrent. Michèle Alliot-Marie, choisie par les militants en 1999 pour présider le RPR, et qui, en 2002, renonce sous une pluie de confettis tricolores au parti qu'elle « vend » pour un grand ministère régalien. Christian Poncelet, ancien président du Sénat, passionné de la France, toujours à l'écoute de ses concitoyens dans son département des Vosges, eut un jour la franchise de me confier : « Nous avons été si lâches ! » La porte était définitivement ouverte pour l'ascension du FN. La droite classique abandonnait le drapeau tricolore et la nation, comme d'ailleurs la gauche avait déjà laissé tomber le peuple et s'était exclue du second tour de l'élection présidentielle en 2002.

Au-delà des idées nationales et populaires en berne que Nicolas Sarkozy réussit habilement à revigorer, le temps de la campagne de 2007, la constitution du parti unique transforma nos institutions. Elle conforta un homme dans l'idée de sa toute-puissance et, avec lui, renforça l'emprise d'un clan sur la République.

Curieux paradoxe avec, d'un côté, les leviers des pouvoirs régaliens fondamentaux (monnaie, budget, loi, frontières) abandonnés à Bruxelles et, de l'autre, une emprise toujours plus forte d'un monarque d'opérette sur la vie quotidienne du pays. Les deux phénomènes se renforçant l'un l'autre.

Après l'aventure exaltante du RPF auprès de deux fortes personnalités, je retombai dans une médiocrité politique que j'avais du mal à supporter. Autant le dire franchement, j'étais revenu courant 2000 au RPR par obligation. J'étais tiraillé entre mon appartenance à la droite et une sympathie pour le courage d'un Jean-Pierre Chevènement qui bousculait l'échiquier politique sans pour autant sortir de son ornière à gauche. J'adhérai ensuite à l'UMP à reculons. J'étais en désaccord sur la forme, car ce parti allait rétrécir la droite et offrir un boulevard au FN. Je n'étais pas d'accord non plus sur le fond, puisqu'il défendait une politique européenne que j'abhorrais.

Je n'imaginais cependant pas, au lendemain de ma réélection de député et de la victoire surprise de Jacques Chirac, les trois ans que j'allais vivre, qui m'ont convaincu d'offrir une autre politique aux Français

J'ai d'abord créé le club de réflexion Debout la République, avec tous les gaullistes malheureux du sabordage de leur parti. Nous voulions prendre au mot les fondateurs de l'UMP qui promettaient des courants, des votes, en un mot, un peu de démocratie pour trancher les orientations politiques. Notre réunion de lancement au Sénat rassemblait plus d'une vingtaine de parlementaires sincères et courageux (Michel Terrot du Rhône, Patrick Labaune de la Drôme, Jacques Baudot le sénateur disparu de Meurthe-et-Moselle, et bien d'autres…) et nombre de jeunes élus locaux, à l'image de Fabrice Marchiol de l'Isère, futur maire de la ville minière de La Mûre, dont la disparition tragique l'an dernier m'a bouleversé. Je réussis même, l'année suivante, à réunir Philippe Séguin et Nicolas Sarkozy à la même tribune du Sénat, pour une discussion commune ! Nous étions sincères au point d'être naïfs puisque les courants d'idées promis, pour faire accepter la fusion des partis, au moment de la création de l'UMP, furent vite supprimés par la suite ! Lorsque les fondateurs annoncèrent l'élection du président du parti au suffrage des militants, j'eus l'audace et la folie de me présenter face à Alain Juppé, le protégé, le favori du président de la République réélu.

J'ai compris alors que tout cela n'était que du folklore destiné à amuser la galerie car ma candidature était perçue comme une faute de goût. Ce fut la stupéfaction au siège provisoire du parti, rue Saint-Dominique, quand j'annonçai aux collaborateurs de l'ancien Premier ministre ma volonté de faire campagne. À titre personnel, Alain Juppé m'a toujours respecté, même s'il ne me comprenait pas. À la différence de Nicolas Sarkozy, il faut reconnaître chez lui un vrai respect des idées et des convictions d'autrui. Simplement nous étions, comme aujourd'hui d'ailleurs, en désaccord fondamental sur la question européenne.

Le congrès fondateur de l'UMP, le 17 novembre 2002, fut aussi pittoresque que celui qui vit plus de deux ans plus tard la victoire, à grand spectacle, de Nicolas Sarkozy. Le système informatique comptabilisant les votes tomba en panne tout l'après-midi. On m'expliqua que le serveur était à Londres. Le responsable suait à grosses gouttes quand je posais des questions. On me mit un score de 14 %, très flatteur pour un inconnu, mais qui était largement inférieur à la réalité tant Alain Juppé était à l'époque contesté par la base !

Ma candidature rencontrait un véritable écho parmi les militants RPR traumatisés par cette fusion forcée. Tout au long de la campagne interne, avec mes colistiers, nous remplissions comme jamais les salles. Je voyais que sous la cendre de la pensée unique la braise était ardente. Cette candidature avait sérieusement agacé l'équipe dirigeante du parti, surtout à partir du moment où je m'étais mis à faire connaître dans les médias une autre ligne politique. « C'était bien la peine de s'être débarrassé de Philippe Séguin et de Charles Pasqua pour retrouver un emmerdeur », me dit un jour Robert Pandraud, un « historique » du RPR, en charge des élections internes pour le congrès de 2004 ! Tout était dit.

Échaudé par l'épisode du vote électronique, j'avais prévu de recourir aux services d'un expert informatique d'un grand cabinet d'audit de la place de Paris. Je me présentai alors à la présidence du parti en 2004, face à Nicolas Sarkozy, toujours pour défendre la même idée de la France (comme en 1999 et en 2002). Mais le consultant avec qui mon équipe avait commencé à travailler m'annonça un jour par téléphone qu'il renonçait à la mission. Il m'indiqua que son patron avait reçu un appel très haut placé, lui demandant de ne surtout pas se mêler de cela ! La République bananière avait encore frappé ! Il ne faisait pas bon, pour une entreprise, exercer un droit de contrôle sur le système du vote électronique de l'UMP, parti au pouvoir !

Comment réagir ? Faire un scandale public au risque d'être caricaturé, comme le type qui nuit au parti ? Les militants détestent les francs-tireurs.

Je demandai un rendez-vous à Nicolas Sarkozy qui me reçut un dimanche matin, dans son bureau au ministère des Finances, à Bercy. Après l'avoir écouté me vanter sa cave à cigares puis les ventes de son dernier livre, je lui dis, pour le tester, mes craintes du trucage du scrutin. Je le regardai sans ciller et lui non plus. Avec son aplomb des grands jours, il me répondit qu'il ne pensait pas que l'équipe sortante de Juppé ferait une chose pareille. Je lui dis que si je sortais à moins de 10 %, je ferais un scandale. C'est curieux, mon score fut « fixé » à 9,9 % ! Des années plus tard l'un de ses proches me dit un jour : « Tu ne représentes que 22 % du parti. » Comme je lui demandai comment il pouvait formuler un chiffre aussi précis, mon interlocuteur se mit soudain à rougir. Me voilà dans l'immense salle du congrès à Villepinte. Le courage qu'il nous fallait avoir, à Christine Boutin et à moi, pour faire notre discours en dix minutes chacun avant l'arrivée du grand vainqueur. Comment remercier les milliers de militants qui m'avaient soutenu avec sincérité ? Comment dire quand même que trop de triche, c'était trop de triche ? Comment alerter sur l'état du pays, sur les mauvais choix effectués par ceux qui m'écoutaient, par cette majorité au grand complet assise devant l'estrade, les ministres, Mme Chirac…

L'exercice était impossible. J'étais écartelé entre mon appartenance officielle à ce parti et mes convictions les plus profondes, ma révolte intérieure contre la tricherie organisée pour imposer une équipe et une ligne politique, celle de l'abandon national.

J'osai une phrase sur le mode de scrutin Internet qui laissait à désirer. Ce fut la phrase la plus huée au premier rang… et la plus applaudie au fond de la salle, me rapporta-t-on à la sortie. La coupure entre l'oligarchie et les militants traversait donc aussi la salle ! Les élus du parti ne pensaient vraiment pas comme la base. De nombreux cadres et militants fidèles à leur idéal commencèrent alors à rejoindre Debout la République. Et m'aidèrent à transformer ce qui n'était qu'un club en un vrai mouvement politique solidement implanté dans toute la France. Ils avaient tout à perdre mais ils ne pouvaient transiger avec leurs convictions. Des femmes et des hommes extraordinaires de courage et de désintéressement. Si je devais n'en citer qu'un seul qui les représente tous, ce serait Jean-Pierre Antoni, conseiller général du Tarn.

En remontant dans ma voiture, je bouillai littéralement. J'étais dans l'entre-deux, trop rebelle pour être accepté dans ce parti, pas assez courageux pour en partir et leur jeter ma vérité à la figure. C'était donc cela, la politique ? La victoire de la combine sur les militants dévoués et sincères !

La survie de nos agriculteurs et de nos ouvriers, le pouvoir d'achat de nos retraités, l'avenir de notre jeunesse n'étaient que les éléments d'un décor sur la scène où des acteurs étaient engagés dans une lutte implacable pour prendre le pouvoir. Le parti n'était qu'une arme dont le clan Sarkozy voulait s'emparer pour remplacer le clan Chirac.

Heureusement, quand la politique nationale m'écœurait au plus haut point, je m'investissais à fond dans ma fonction de maire. Après avoir respiré l'air des égouts, je revenais à Yerres me rafraîchir et me laver au service de mes concitoyens.

Mais l'appel du combat n'est jamais loin et quand Jacques Chirac décida de soumettre à référendum le

Traité constitutionnel européen que je combattais en interne depuis que je l'avais lu en détail, le club Debout la République, qui s'était bien développé entre-temps, se dressa comme un seul homme. Une fois de plus, j'organisai un tour de France. Qu'importent les mises en garde ! Totalement décidé à quitter l'UMP, je ne pris plus de gants. J'ai repoussé comme jamais ce tombeau que représentait pour la France ce traité.

Je me suis mis à sillonner notre beau pays dans toutes les directions. Un vrai et grand débat populaire s'est engagé. Malgré la mauvaise foi du système, ou plutôt grâce à ses gros sabots médiatiques que ne supportaient déjà plus les Français, le non, au départ donné à 25 % des voix, l'emporta largement à 55 %. Ce fut le plus beau jour de ma vie politique. Les humbles, les petits, le peuple de France se réveillait enfin et donnait une formidable leçon à l'Europe tout entière. Mais il ne fallait pas oublier la force du système qui comprit ce jour-là qu'il était devenu minoritaire dans son propre pays. Le système du parti unique à droite comme à gauche redoubla de sectarisme.

À partir du moment, comme en 2002 et en 2007, puis en 2012 pour le PS, où le principal parti a la majorité absolue à l'Assemblée nationale, il n'y a plus de débat réel au Parlement. Les arbitrages s'effectuent au sein du parti du Président. Tout se fait en cachette. La cooptation médiocre l'emporte. Ajoutons à cela des nominations de ministres décidées en fonction de leur servilité ou de leur image. Des ministres, parfois sans aucune culture politique ni historique, renvoyés souvent comme des domestiques dès la première disgrâce. Comment s'étonner alors de la décrédibilisation générale des gouvernements successifs dont même les parlementaires ne mémorisent plus la composition ?

À la fin du quinquennat de Nicolas Sarkozy, François Fillon, Premier ministre, a commis l'erreur de s'accrocher à sa fonction.

Si l'on peut comprendre, dans une première phase, qu'il ait estimé qu'il était utile (encore une fois la fameuse théorie du « on pèse de l'intérieur »), jamais il n'aurait dû rester jusqu'en 2012 à cautionner les pires dérives. De même, on a vu avec l'aventure Montebourg comment le système présidentiel pouvait dévorer ceux qui croyaient là aussi peser de l'intérieur.

Le Président gérant de la filiale France d'une Union européenne tentaculaire et impuissante arbitre les contraires et compense ses frustrations nationales par un interventionnisme quotidien. Il organise les fameuses séquences de communication. Il excommunie ceux qui pensent différemment, il récompense les copains et… les coquins. Les investitures pour les élections législatives ou sénatoriales sont les sucettes pour les fidèles, comme on distribuait les charges sous l'Ancien Régime

Les parlementaires socialistes ont beau revenir de leur circonscription le mardi, à l'Assemblée nationale, accablés des critiques de leurs concitoyens, le PS a beau perdre toutes les élections intermédiaires, rien ne change. Le couvercle est bien vissé sur la marmite, quelles qu'en soient les conséquences. Lors du dernier congrès socialiste seuls 63 000 adhérents ont voté, ce qui est peu si l'on compte les 300 parlementaires et leurs fidèles, les milliers d'élus locaux. En vérité, ne restent sur le navire que ceux qui vivent des prébendes, et encore !

À droite, la situation n'est guère plus reluisante. Le retour de Nicolas Sarkozy à la tête de l'UMP/Les Républicains est un flop magistral. Les élections départementales n'ont été gagnées que par rejet de la gauche et les régionales n'ont pas été fameuses. Les candidats cachaient leur sigle, s'abritant derrière l'étiquette « Divers droite » ou « Non inscrit ». Le parti reste un enjeu décisif, car il bénéficie pour cinq ans du financement public, et il délivre les investitures, ce qui, dans une société dépolitisée, donne une avance décisive au premier tour. Plus il est faible intellectuellement, plus il doit rejeter politiquement tous ceux qui osent exprimer des nuances. Mais à force de rejeter ceux qui ne pensent pas bien, les adhérents s'en vont et les chaises restent désespérément vides, comme au congrès du lancement des « Républicains », assurément le plus grand bide de l'année.

L'Essonne est un département très emblématique de ce qui se passe à droite, dans les cœurs et les esprits. Quand on prend conscience de ce cloaque, on imagine l'ampleur du mal qui règne dans le monde politique et la nécessité, pour ne pas dire l'urgence d'un fort coup de balai.

J'y suis le vilain petit canard. Pas pour nos concitoyens mais pour les dignitaires.

Quels sont mes torts ?

Avoir gagné en 1995 une ville perdue à la gauche en 1989 par un maire RPR malhonnête, responsable d'une des plus grosses faillites de l'histoire des collectivités locales ?

Avoir emporté en 1997 une circonscription détenue depuis seize ans par une gauche sectaire et l'avoir conservée depuis lors ?

Avoir fait basculer toutes les villes alentour grâce à mon soutien indéfectible à des candidats de droite modérée dont certains sont d'ailleurs restés à l'UMP ?

Cette grande confiance de mes concitoyens a très vite exaspéré les caciques du RPR puis de l'UMP qui ont compris qu'elle me donnait ma liberté de parole et d'action nationale.

Dès 1995, je me souviens avoir presque offensé une personnalité qui venait me soutenir lorsque je lui ai dit que j'avais emprunté au Crédit mutuel la somme nécessaire au financement de ma campagne. Je n'avais pas besoin de l'argent qu'il me proposait. Dès lors il me surnomma « Ducon » !

Gérer correctement sa ville, ne pas demander aux uns et aux autres des services, ne pas partir en voyage d'études au frais du Conseil général de l'époque, refuser les interventions pressantes d'un collègue sénateur de l'est de la France en faveur d'un promoteur qui m'avait menacé, lorsque la ville avait déclaré inconstructible un bois sur lequel il avait des vues, cela ne se fait pas dans la république bananière des services rendus qui s'appelle l'Essonne ! Ce mélange d'intérêts croisés qui salit l'action publique et déconsidère la grande majorité des élus locaux heureusement honnêtes et dévoués, est insupportable.

Jusqu'en 2007, le combat avait été feutré. Brice Hortefeux prenait un ton doucereux pour me mettre en garde amicalement sur l'éventuelle concurrence dans ma circonscription d'un « ami de Nicolas ». Heureusement pour moi, le dénommé Didier Banquy a échoué à conquérir la ville voisine de Montgeron. Puis, Georges Tron est parvenu à faire échouer mon ancien collaborateur et ami François Durovray qui se présentait à Montgeron, en 2008. Les caciques de l'UMP ont épaulé le maire socialiste pour le faire élire à quelques voix près.

Il fallait me faire payer mon crime de lèse-majesté. Oser penser différemment, avoir eu l'audace de me présenter à la présidentielle : c'était trop pour l'orgueil du nouveau chef de l'État. Ainsi, aux législatives de 2012, après une campagne présidentielle épuisante, ingrate et magnifique, je dus résister aux candidats PS, UMP et FN. Les deux maires UMP de ma circonscription que j'avais soutenus aux municipales précédentes, se sont ligués sur ordre du Président défait. (La tête de Jean-Pierre Chevènement avait été mise à prix de la même manière en 2002 à Belfort !)

Malgré les visites nombreuses d'anciens ministres comme Gérard Longuet ou Claude Guéant (sans doute un modèle d'intégrité !), mes concitoyens m'ont gratifié d'un inoubliable score de 43 % des voix contre 9 % à l'UMP et m'ont élu au second tour avec plus de 61 % des voix.

Belle revanche du peuple ! Et un peu de répit de gagné, mais on n'en a jamais fini avec une mafia qui a juré la perte de celui qui l'a défiée.

Aux municipales, une liste soi-disant centriste appuyée par des tracts orduriers, s'acharne contre moi. Nous l'emportons avec 77 % des suffrages.

Aux départementales, rebelote. Bien que bon prince, je soutiens en Essonne des sortants de qualité et ne présente des candidats Debout la France que dans six cantons ; notamment face à Georges Tron la bataille est violente. Nicolas Sarkozy, avant un meeting à Palaiseau, en février 2014, réunit tous les élus du département. Il n'est entouré sur scène que de personnalités ayant un jour été mises en examen et il lance une fatwa contre moi, qui serais un crypto-FN, un péril pour l'UMP à l'image d'un François Bayrou. Il vise avant tout à me discréditer pour faire peur aux élus, les dissuader de m'approcher et surtout d'élire au troisième tour, à la présidence du conseil départemental, mon ami, bien que resté à l'UMP, François Durovray. Là aussi la population soutient dans mon secteur nos candidats libres qui écrasent l'UMP, qui finit à 7 % dans ma ville !

Au lendemain du second tour des élections départementales cela n'empêche pas le combat de Debout la France de porter ses fruits. Nous gagnons deux sièges, nous réussissons à faire chuter deux fidèles de Georges Tron dans un autre canton et mon soutien total à François Durovray lui permet de gagner un canton difficile. Ce qui paraissait impensable il y a quelques semaines le devient soudain. L'outsider, lors d'un vote interne du groupe des nouveaux conseillers départementaux UMP, arrache à Georges Tron l'investiture pour la présidence du Conseil départemental. Quelques jours plus tard ma joie est immense, le fidèle des fidèles, celui qui m'a tant soutenu depuis 1995 et que j'ai moi-même toujours soutenu lors de ses moments difficiles, est élu à la tête du département.

Faute d'avoir pu l'empêcher de gagner, la machine partisane met tout en œuvre pour le forcer à s'écarter de moi. J'ouvre un jour *Le Parisien* et je lis une déclaration de sa part : « Bien sûr, Debout la France ne fait pas partie de ma majorité. » Sur le moment je prends cela comme un coup de poignard. Mais je connais trop la politique pour ne pas savoir que c'était la condition pour qu'il soit président du Conseil départemental.

Celui que je considère comme un frère, avec qui j'ai tout construit a dû renier son passé dans la presse pour lever toute ambiguïté politique. Comme dans les régimes communistes, quand j'ouvre le journal du département à la page de présentation du nouveau président, la biographie placée en marge de son édito efface sa présence à mes côtés comme directeur de cabinet pendant six ans. Puis comme premier adjoint de Yerres et conseiller général du canton Yerres-Crosne. Puis comme collaborateur jusqu'en 2014. Je sais que la petite mafia essonnienne croit pouvoir nous fâcher mais heureusement dix-neuf années d'amitié et de partage ne s'effacent pas ! Charles Pasqua, en vieux lion de la politique, avait d'ailleurs l'habitude de me dire : « Ce qui ne nous tue pas, nous renforce. »

Cette histoire n'est qu'un exemple parmi des dizaines, dans toute la France, du cercle vicieux : parti unique, cooptation, reniement des convictions, clientélisme !

Depuis presque vingt ans en Essonne, ils n'ont justement pas réussi à me tuer, car ma détermination se nourrit de la confiance des habitants qui ont compris combien j'étais différent. C'est ce soutien entier, sincère, généreux, de la population dans toute sa diversité qui, à chaque scrutin, me permet de continuer et me transmet la force de résister.

Oui, je suis profondément fier de ce lien affectif qui s'est construit au fil du temps avec mes concitoyens. Il repose avant tout sur des réalités objectives : le travail accompli, la considération, le respect, l'honnêteté. Bien évidemment, je ne peux pas tout faire ni tout offrir. Mais avec toute mon équipe d'élus et de collaborateurs, nous avons toujours mis un point d'honneur à diriger la ville en fonction du seul intérêt général. Pas le sondage du matin, la pression du promoteur, l'intérêt du supermarché, le chantage du petit voyou, le réseau de services rendus, non, le seul intérêt général.

De même, les habitants de ma circonscription ont eu la preuve par mes choix politiques nationaux que je ne transigeais pas avec mes convictions profondes pour un plat de lentilles.

Après ces années de mandats, je crois que je peux regarder chacun de mes électeurs droit dans les yeux et c'est bien cela qui doit gêner certains élus.

À force de se renier, ils en arrivent à détester ceux qui ont pu, par leur travail, préserver leur liberté.

Quand je parcourais la France à la recherche des parrainages, j'ai rencontré beaucoup de maires libres qui vivaient la même difficulté que moi, dans leur canton ou leur département, face aux représentants des deux partis politiques qui veulent tout contrôler, tout décider. C'est la diversité politique de la France qui est en jeu au niveau local comme au niveau national.

J'échange souvent avec Jean-Pierre Chevènement, Philippe de Villiers et aussi François Bayrou ; nous avons tous fait face, à des degrés divers, à la même hargne et à la même solitude. En France, celui qui refuse de chasser en meute attire tous les chiens contre lui. L'énergie que le système n'emploie pas à servir les Français, sert à abattre ceux qui osent dire la vérité : le roi est nu.

Comme dans les régimes autoritaires, l'objectif n'est pas obligatoirement de tuer l'opposant interne, cela attirerait trop l'attention sur la nature du système. L'objectif est de dissuader celles et ceux qui pensent comme lui et qui sont de plus en plus nombreux à avoir envie de le rejoindre.

Bon nombre de parlementaires sauvent l'honneur et résistent, à l'exemple du sénateur de la Moselle Jean-Louis Masson qui, élu sans l'investiture du parti, ose venir à mes conférences de presse ! À l'Assemblée, j'ai aussi beaucoup d'affection pour le centriste Jean Lassalle, un homme d'une immense droiture et d'une grande lucidité qui a pu survivre dans les Pyrénées-Atlantiques par son exceptionnelle implantation locale. D'autres députés sont restés libres dans leur tête et farouchement attachés à leur indépendance comme Jean-Pierre Decool et François-Xavier Villain dans le Nord, Alain Chrétien en Haute-Saône, Nicolas Dhuicq dans l'Aube, Véronique Besse en Vendée, Gilles Bourdouleix en Maine-et-Loire, Jean-Christophe Fromantin à Neuilly, Marie-Jo Zimmermann en Moselle. On ne parle pas suffisamment d'eux. De leur gestion locale remarquable, de leur popularité dans leur région, de la qualité de leurs travaux parlementaires.

Malheureusement, les femmes et les hommes politiques libres ne sont pas assez nombreux et il ne faut pas chercher plus loin les raisons de l'essor continu du FN. Malgré les propos scandaleux de Jean-Marie Le Pen, ce parti se nourrit de la faiblesse morale des autres en dépit de ses ambiguïtés, des limites de son encadrement. Il progresse car il arrange aussi bien ceux qui nous gouvernent ! Paradoxalement, en effet, la progression du FN est l'atout maître d'un PS et d'une UMP aux abois pour avoir une chance ultime de se maintenir au pouvoir.

Cela fait bien longtemps que le vote par adhésion a disparu pour les deux partis traditionnels. Pendant des années, il a été remplacé par le simple rejet de l'adversaire. Le refus de la gauche pour la droite et vice-versa. Jusqu'au jour où les Français ont compris, selon le bon mot de Philippe Séguin, que les deux détaillants s'approvisionnaient chez le même grossiste !

C'est alors que le FN est tombé à pic.

Le scénario qui s'est produit dans le Nord-Pas-de-Calais et en Provence-Alpes-Côte-d'azur lors des élections régionales de décembre 2015 résume à lui seul le piège qui est tendu au peuple français : partir à l'aventure avec le FN ou conserver des médiocres soumis au nouvel ordre européen.

À l'image du PC des années 1960, assurance-vie des gaullistes à l'époque, le FN par ses excès, ses personnalités, son clan familial est suffisamment fort pour capter la protestation populaire et trop inquiétant pour convaincre les Français de lui confier le pouvoir au second tour.

Voilà pourquoi j'ai toujours pensé qu'un patriotisme serein, rassembleur, sérieux et crédible, sans les défauts du Front national, était la seule alternative possible pour rompre cette omerta européenne, médiatique et partisane qui ruine notre pays et désespère nos concitoyens. En un mot, pour pouvoir gagner au second tour, seul moyen de changer vraiment de politique. Voilà pourquoi Debout la France gêne autant le système que le FN.

Le système, car une politique alternative, une vraie rupture proposée par des élus et des responsables politiques, droits, expérimentés et ouverts sur la société, n'est pas caricaturable et ne peut être diabolisée.

Le FN, car il veut garder le monopole du patriotisme et craint à juste titre la renaissance d'un courant national et républicain positif à l'image de ce que fut le gaullisme à la meilleure époque : l'indépendance de la France, mais aussi le rassemblement de tous les Français d'où qu'ils viennent !

Chacun faisant le jeu de l'autre, le système et le FN enferment les Français dans un tripartisme mortel.

Nous pourrions pourtant y échapper. Il n'y a aucune fatalité à subir en 2017 ce que nous avons connu dans le Nord-Pas-de-Calais Picardie en 2015. Les rapports de force politiques ne sont pas immuables. L'histoire n'est pas une photographie mais un film.

Dans les années 1950, le PCF bloquait le jeu politique. Il incarnait la révolte populaire, montait très haut jusqu'à 25 % mais ne gagnait jamais car le vieux peuple sage que nous sommes ne voulait pas donner les clés de la maison France à ce parti qui inquiétait à sa façon. François Mitterrand a réussi, parti de rien, à proposer une alternative politique de gauche qui a permis la victoire. Ce n'est pas parce qu'il a trahi ensuite le pays qu'il ne faut pas méditer sur sa capacité à l'époque, à convaincre les Français de prendre le risque d'un vrai changement politique.

N'oublions pas non plus l'ampleur de l'abstention qui prouve combien nombre de Français rejettent ce tripartisme. Quatre millions de nos concitoyens ne sont plus inscrits sur les listes électorales. La moitié seulement des 44 millions d'électeurs inscrits vote. Parmi ces derniers, ceux qui votent blancs ou nuls sont un nombre important (1 670 000 aux départementales, 1,2 million aux régionales en 2015). Cela veut dire que 60 % des Français en âge de voter ne se sentent plus concernés par la vie politique de notre pays ; 27 millions d'électeurs boudent les urnes. Si le FN qui dispose d'une médiatisation immense représentait un vrai espoir, il n'y aurait pas tant d'abstentionnistes. C'est à eux que je m'adresse. Ce sont eux qui détiennent le sort de la France entre leurs mains.

Je persévère car, à un moment, comme d'ailleurs dans les dictatures, quand la banquise commence à craquer, les choses vont vite. Nous ne sommes plus loin du dégel.

En témoigne le succès de Debout la France ces dernières années. À partir de rien, à mains nues au démarrage, nous avons réussi à nous ancrer dans le paysage politique. De très nombreux maires libres et courageux comme Jean-Pierre Enjalbert dans le Val-d'Oise nous ont aidés à nous développer dans tout le pays. Qui sait par exemple qu'aux dernières élections régionales, notre rassemblement a recueilli autant de voix que le Front de gauche ou les Verts beaucoup plus anciens et disposant d'un temps d'antenne dans les médias bien supérieur.

À chaque déplacement en province, je suis impressionné par le dévouement des militants, des adhérents, des sympathisants qui croient en la renaissance d'un mouvement gaulliste pour la France. Il serait plus honnête d'ailleurs de parler d'inspiration gaullienne, tant le Général lui-même détestait les dogmes et les idéologies.

Nous partageons la leçon de sa vie et de son œuvre : ne jamais s'avouer vaincu car nous avons en nous, à la condition de le vouloir et de nous rassembler, toutes les ressources pour nous en sortir.

Cela n'a jamais été aussi vrai. Notre pays a une immense capacité de redressement. Reste à en convaincre les Français.

Deuxième partie

« ILS NE SAVAIENT PAS QUE C'ÉTAIT IMPOSSIBLE, ALORS ILS L'ONT FAIT »

Mark Twain

« C'est foutu », « on ne s'en sortira pas », « comment voulez-vous faire face à l'Allemagne, aux États-Unis et maintenant à la Chine ? » « C'est impossible ! » « À quoi bon vous démener ! »

Combien de fois ai-je entendu cette même résignation. C'est un prétexte tout trouvé à la démission collective et individuelle.

Comment en vouloir entièrement à nos concitoyens qui entendent à longueur de temps à la télévision ou à la radio les mêmes experts autoproclamés qui se sont toujours trompés sur tout, les Minc, les Attali, les Séguéla, rabâcher la même pensée négative sur leur pays. Une France qu'ils désignent comme « ce pays » et non pas comme « notre » pays. Tout un symbole !

À les entendre, l'herbe est toujours plus verte dans le pré du voisin. Ces soi-disant experts n'aiment pas le peuple français et sa fameuse « exception ». Ils veulent imposer des CDD pour tous mais ne s'énervent jamais quand ceux qui les nourrissent conservent leur CDI, leurs stock-options et leur retraite chapeau ! En un mot, ils voudraient normaliser notre peuple pour mieux conserver leurs privilèges. Leur modèle : la Chine à la fois dictatoriale et ultra-capitaliste. Faute de pouvoir imposer à notre pays leur modèle chinois doux aux forts et dur aux faibles, ils passent leur vie sur les antennes à décrier les Français dont ils traitent l'esprit de résistance avec ironie et dédain.

Il existe une autre forme de résignation : celle des angoissés et des « catastrophistes ». Leur lucidité sombre pourrait être un atout et permettre de déjouer les pièges de l'assoupissement français. Malheureusement, à force de jouer les « Cassandre » sans proposer de solutions alternatives, ils désespèrent aussi ceux qu'ils voulaient réveiller. Leur constat est souvent juste mais leur pessimisme leur interdit de croire en un redressement de la nation.

Attention à la « houellebecquisation » des esprits. Elle consiste à traiter tout et chacun avec le haussement d'épaules, le ricanement, le dégoût des blasés qui ont fait le tour de la nature humaine et qui disent « tout est dégueulasse, n'allez pas voter, cela ne sert à rien, ne vous levez pas le matin, c'est inutile, ne soyez pas amoureux, vous serez déçus, ne prenez pas soin de votre corps, vous finirez sous la terre, etc. ». Cet état d'esprit peut inciter les gens à la soumission et au renoncement.

Combien de fois ai-je débattu avec Éric Zemmour de l'avenir de notre pays, lui expliquant qu'il ne fallait pas désespérer d'une majorité de la jeunesse d'origine étrangère. Je connais bien Éric, j'admire son talent et son courage. Il a raison de s'alarmer de l'esprit de démission face au communautarisme musulman intégriste mais, élu de banlieue souvent au contact de la jeunesse des quartiers, je sais qu'il a tort de craindre que la plupart des nouveaux Français puissent y succomber. À nous de nous battre pour reconstruire l'assimilation à la française.

À quoi sert-il d'être lucide sur le danger qui guette, si on n'aperçoit pas la lucarne de l'espoir, et derrière la lucarne le début de la solution ?

Paradoxalement, la conjonction de ces deux pessimismes, celui des mondialistes arrogants et profiteurs comme celui des nostalgiques d'un prétendu âge d'or révolu, interdit tout sursaut. Entre ceux qui fuient le navire et ceux qui ronchonnent, l'absence d'une offre politique à la fois lucide et volontariste conforte l'optimisme béat des sortants ! Ceux qui, de Jacques Chirac à François Hollande, estiment au fond d'eux-mêmes qu'il n'y a pas, selon la célèbre boutade d'un politicien de la IVe, « de problème qu'une absence de solution ne puisse régler ». Ils comptent en vérité sur les efforts des Français pour réparer in extremis les dégâts de leur nonchalance.

Une nonchalance qui, il faut le reconnaître, plaît bien à certains de nos compatriotes naïfs qui ne veulent surtout pas changer leur logiciel.

Tout cela n'a cependant qu'un temps. Le bug majeur menace. À force de repousser les vraies solutions pour se maintenir au pouvoir, les problèmes pourrissent. Les virus s'installent, le système d'exploitation de l'ordinateur est abîmé. La dépense publique, les déficits et l'endettement massif ont certes permis aux gouvernements successifs d'acheter le silence des Français et donc un peu de temps. L'effondrement de notre compétitivité liée à l'excès de charges, la concurrence déloyale et un euro trop cher pour notre industrie a été masqué à crédit. L'addition est maintenant là !

De même, l'État a cru dissimuler les conséquences de l'immigration massive. Il a renoncé dans les quartiers où ont été exilées les nouvelles populations à appliquer les principes républicains d'ordre et de laïcité à l'école, à l'hôpital, etc. Le résultat est là, les communautarismes et les ghettos sont autant de bombes disséminées sur notre territoire.

J'ai été ainsi tout récemment l'un des seuls à appeler l'attention du public et du gouvernement sur les propos de trois personnalités invitées du dernier congrès de l'Union des organisations islamiques de France (UOIF) le 7 février 2016 à Lille. L'une voulait la mort des homosexuels et des apostats, la deuxième considérait la haine des juifs comme un acte approchant à Dieu et la troisième condamnait dans ses prêches la musique et le chant non religieux. Curieusement, le lendemain du lancement de la polémique, à la séance des questions au gouvernement de l'Assemblée nationale, pas une question de l'opposition. En fin de compte l'organisation a annulé l'invitation de ces trois personnalités mais pas pour le bon motif ! Son président, pour expliquer son recul, n'a pas condamné explicitement les propos mais a pris prétexte du climat post-attentats.

Tout à coup, les Français découvrent avec effroi l'étendue des dégâts. Deux sociétés se font face avec tous les risques d'un engrenage fatal que cherchent à nourrir tous les extrémismes.

Nous approchons du moment fatidique où nos concitoyens ne supporteront plus les conséquences très concrètes du pilotage automatique destructeur que j'ai décrit. L'histoire de la France est ainsi coutumière de ces longues phases de déclin, hachées de turbulences tantôt stériles, tantôt fécondes. Chaque être ne peut alors que se poser deux questions simples : quand, et comment ?

Oui, quand l'explosion ?

N'oublions pas qu'en 1916 Lénine était reparti en Suisse persuadé que la révolution ne verrait jamais le jour en Russie. Un an après il était à Moscou ! D'ici une décennie, ce qui n'est rien à l'échelle de l'histoire de France, il ne fait aucun doute que les Français se réveilleront. Il faut être bien distrait pour ne pas sentir les premières secousses.

La seconde question est de savoir : « comment ? ». La réponse ne dépend que de nous. C'est l'objet de ce livre. Si nous ne faisons rien, il est sûr que l'engrenage du chômage de masse, de la misère sociale et de l'immigration de peuplement mènera la France au chaos et à la guerre civile. Croire que les Français subiront ainsi, sans réagir plus ou moins violemment, un tel déclassement social et une telle dépossession culturelle et identitaire, serait une illusion dangereuse et une faute politique.

Je parcours notre pays de réunion publique en réunion publique et année après année, de Brest à Toulon ou de Bar-le-Duc à Limoges, je perçois la lente mais évidente bouffée de colère, la tectonique des plaques en mouvement. Nos concitoyens ont été ainsi stupéfaits d'apprendre que l'Association des maires de France recommandait aux élus locaux d'enlever les crèches des bâtiments publics pour ne pas provoquer ! Ceux censés nous défendre devenaient les complices de la casse de nos traditions ancestrales. Élection après élection, la marée monte et, soir de scrutin après soir de scrutin, on entend sur les plateaux de télévision, dans la bouche des personnalités, les mêmes paroles creuses et décalées qui ne tiennent aucun compte de ce qui se passe en profondeur.

À aucun moment les responsables du fiasco actuel ne remettent en cause le fond de leur politique. Il est stupéfiant de constater leur incapacité à regarder en face les problèmes du pays. Il n'est toujours question que de pédagogie insuffisante et de temps qui manque. En un mot, c'est un problème de communication. Ce fut la même logorrhée après le référendum de 2005, comme au soir du premier tour de 2002 ou de la dissolution ratée de 1997. Cela fait maintenant presque vingt ans que dure la comédie du « Je n'ai rien fait de mal, mais je suis entouré de populistes qui caricaturent ». L'absence sur les plateaux d'une offre politique à la fois radicale et sérieuse contribue bien sûr à cette fuite en avant. Le PS et l'UMP se délectent de la seule présence du FN qu'ils savent instrumentaliser pour apparaître malgré tout comme la seule voie raisonnable. Le stratagème a fonctionné « à merveille » au second tour des régionales.

Le choix est simple : soit nous attendons la débâcle avec le sourire dérisoire de celui qui l'avait bien dit, soit nous préparons une alternative sérieuse, solide et de bon sens. Nos compatriotes ne veulent pas d'aventure et repoussent, malgré leurs souffrances, la tentation de tout casser. Ils attendent un sursaut, un peu comme, à la fin de la IVe République épuisée par l'humiliation croissante de la France, ils avaient exprimé un soupir de soulagement lorsque le général de Gaulle s'était baissé pour relever une France à genoux.

Les Français et parmi eux beaucoup de jeunes sont prêts à un nouveau sursaut historique à l'image de 1958. Mais faut-il encore être capable de leur parler et de leur proposer le chemin d'un redressement partagé, porteur de sens et prometteur de vrais résultats.

Ce chemin existe, j'en détaillerai plus loin les étapes. Mais il faut avant tout convaincre les Français de vouloir l'emprunter. Oui, les convaincre d'espérer à nouveau, en dépit des trahisons successives de leurs dirigeants. Les convaincre qu'en empruntant le chemin de l'effort, du courage, ils pourront collectivement s'en sortir, comme Français libres.

Voilà pourquoi il ne sert à rien de multiplier les rapports et les programmes, si utiles soient-ils, sans préalablement redonner confiance à nos concitoyens. Exactement comme un malade pour guérir doit croire en lui et en son médecin. Pour avoir été le médecin d'une ville ruinée et abandonnée qui a guéri, pour analyser la France et le monde tels qu'ils sont, je peux affirmer ma confiance absolue dans la capacité de rebond de la France.

À moi de convaincre les Français que l'impossible est possible.

6

Le miracle yerrois

Le hasard ou le destin, diront certains, oriente nos vies comme jamais on ne pouvait l'imaginer initialement.

En septembre 1994, au congrès du RPR à Bordeaux où je ne voulais pas vraiment me rendre parce que je ne connaissais presque personne, j'ai basculé vers l'Essonne. Membre du cabinet de Michel Barnier qui soutenait à l'époque Edouard Balladur, je penchais personnellement davantage pour Jacques Chirac, car Philippe Séguin siégeait (sans illusion) à ses côtés. Je rêvais surtout d'échapper au climat pesant des entourages ministériels pour me frotter au suffrage universel. Les municipales de 1995 approchaient et je rencontrai au dîner de clôture Patrick Stephanini qui me parla de l'Essonne. L'équipe départementale cherchait un candidat pour sauver l'honneur du RPR dans une ville égarée, au cœur d'une circonscription socialiste depuis des générations !

Mes parents ne vivaient pas très loin de Yerres, mais je ne connaissais pas vraiment cette commune dont je n'avais entendu parler qu'à la rubrique des scandales financiers. Un maire RPR (exclu par la suite pour faux en écriture publique) y avait construit pendant son bref mandat 1983-1989 un « Aquaboulevard » surendettant la commune.

J'ai su après coup que l'investiture m'avait été facilement donnée par Xavier Dugoin, le parrain, président du Conseil général de l'époque car le mouvement gaulliste n'avait aucun candidat sous la main et jugeait impossible, compte tenu de son discrédit local, de gagner cette ville elle aussi désormais socialiste. J'étais le parfait pigeon : l'énarque apparemment coincé avec ses grosses lunettes aujourd'hui si démodées !

Le parachutage fut mouvementé. Les socialistes, sûrs d'eux, se moquaient du petit technocrate parisien et la vieille garde de l'ex-maire RPR me considérait comme un usurpateur. Petits cercueils en carton dans ma boîte à lettres, coups de téléphone anonymes en rafale la nuit, tracts diffamatoires… et pour conclure deux listes dissidentes à droite pour diviser les électeurs. Rien ne me fut épargné.

Je devrais dire rien ne nous fut épargné tant ma femme Valérie et ma petite fille furent aussi en première ligne. Nous venions juste d'emménager avant la clôture des inscriptions sur les listes électorales, fin décembre 1994, et je n'aurais jamais pu surmonter une telle hostilité du petit milieu politique local sans le soutien total de mon épouse. Elle commença à cette époque à mettre entre parenthèses sa carrière d'avocat pour travailler à mes côtés. Elle est depuis mon ange gardien. Je ne pourrai jamais la remercier assez d'avoir consenti à tant de sacrifices personnels aussi essentiels que parfois ingrats.

Malgré toutes ces attaques, nous n'avons, tous les deux, jamais douté. Valérie était, je le crois, heureuse de me voir enfin épanoui, de me voir faire ce dont j'avais rêvé depuis l'âge de douze ans : aller à la rencontre des électeurs, tenter de les convaincre, rassembler, servir une cause plus grande que soi. En l'occurrence, sauver une ville ruinée par la bêtise et la malhonnêteté de ses élus.

Il fallait tout entreprendre à la fois. Nous n'avions pas un sou. Mon oncle et ma tante m'avaient prêté leur vieille R18. J'avais l'impression d'être un pastiche de l'inspecteur Columbo. Ma belle-mère, professeur de dessin à la retraite, avait tracé sur un vieux drap blanc avec une bombe de peinture, un magnifique « Yerres ensemble avec Nicolas Dupont-Aignan », notre slogan de campagne, et nous avions organisé dans un local prêté par la marchande de journaux de la rue principale, une première réunion. Pas une personne cependant ne pouvait croire un instant que six mois plus tard nous emporterions la ville dès le premier tour.

Michel Barnier, ministre de l'Environnement à l'époque, auprès duquel je travaillais, avait eu la gentillesse de venir inaugurer ma permanence, crédibilisant ainsi ma démarche et faisant taire quelques heures la contestation des militants acharnés de l'ancien maire RPR.

Constituer une équipe, bâtir un projet, rédiger les documents, sonner à 8 000 portes, organiser deux réunions d'appartement par soir..., j'avais l'impression de mener la bataille de ma vie. Je savais que je ne pouvais pas échouer. Je ne voulais à aucun prix retrouver le monde conformiste et triste des cabinets ministériels, ni celui de la préfectorale ! J'avais compris que je n'étais pas fait pour ça. Trop franc, trop passionné, trop entier. Surtout à regret, je constatais l'affaiblissement de l'État régalien coincé entre les pouvoirs des juges, des élus locaux et des politiques faibles.

J'ai connu le pire mais j'ai aussi découvert le meilleur tant la politique exacerbe les sentiments et les passions. Oui, je garderai toujours en mémoire le visage de ces habitants désintéressés qui m'ont permis de ramasser mon parachute et de reboutonner ma veste avant d'aller conquérir le cœur des électeurs. Ces vrais gaullistes, comme Bernard Nusbaum, cet ancien rescapé du Vel' d'Hiv, lassés des combines politiciennes d'élus douteux, qui ont su rassembler des militants courageux.

Ces acteurs associatifs du collectif de défense des contribuables yerrois (CDY) qui avaient organisé la première grève des impôts consignant leur taxe d'habitation à la Caisse des dépôts et consignations.

Cette femme exemplaire, Nicole Lamoth, mobilisée l'année précédente pour être la candidate du RPR aux cantonales et qui préféra me laisser au dernier moment la tête de liste, estimant que seul un nouveau venu pouvait restaurer la confiance dans cette ville au bord de la faillite.

Le jeune responsable des Jeunes du RPR, François Durovray, qui se mit totalement au service de notre belle cause avec son premier ordinateur, abandonnant ses cours et négligeant ses examens.

Souvent, après coup, je me suis demandé comment, en quelques mois seulement, nous avions pu convaincre les Yerrois de tourner la page. J'ai compris plus tard que c'était mon intransigeance absolue et donc ma cohérence totale qui avait crédibilisé ma démarche et créé un choc de confiance.

Intransigeance avec mon refus de prendre sur la liste tout habitant qui avait de près ou de loin, quelles que soient ses qualités, fricoté avec les deux maires sortants successifs, le socialiste Marc Lucas et le RPR Michel Prats. Refus qui m'a conduit à réunir des personnes de bonne volonté marquées par leur sincérité et leur intégrité.

Intransigeance aussi en présentant un projet clair de redressement : économies drastiques de fonctionnement, abandon des programmes immobiliers délirants, gel de la constructibilité des terrains, remise au travail des agents communaux…

J'ai ainsi compris à cette époque-là qu'il n'y avait de bon programme que porté par des personnalités droites et entières. La vie locale a de merveilleux qu'il est encore possible, comme à la campagne avec les paysans, de sentir la réalité d'un homme à travers son regard, sa poignée de mains puis au fil du temps le respect de la parole donnée.

Cette exigence de vérité donne toute sa grandeur à la démocratie locale au niveau communal. On ne peut pas tricher avec les faits. Tout se voit, tout se sait. On respecte ses électeurs ou on ne les respecte pas ! Un point c'est tout.

C'est pourquoi d'ailleurs, à la surprise de certains, j'ai toujours considéré qu'un élu n'était vraiment élu qu'au soir de sa première réélection. Contrairement à ce qu'on croit, les campagnes électorales réussies sont celles qui commencent au premier jour du mandat et durent six ans ! On m'a souvent reproché d'être à Yerres en campagne permanente, mettant sous tension les élus et les services municipaux pour « faire plaisir » aux habitants. Mais n'est-ce pas notre rôle de servir les concitoyens exactement comme un élève sérieux pour réussir ses examens doit travailler régulièrement tout au long de l'année ?

Si mon élection comme maire de Yerres paraissait impossible, surtout dès le premier tour (quinze jours avant le scrutin, *L'Express* prédisait la victoire des socialistes dès le premier tour), le redressement de la ville semblait encore plus insurmontable.

Le soir de l'élection, au premier tour avec 51,85 % des voix, le préfet me félicita en me prévenant que je serais un maire sans pouvoir car il allait mettre la ville sous la tutelle de l'État. Je n'avais que quelques semaines pour présenter un budget en équilibre et renégocier l'une des dettes par habitant les plus élevées de France après la fameuse Angoulême qui avait défrayé la chronique des villes surendettées.

Vingt ans après, il suffit de se promener dans les rues : on a du mal à croire que Yerres ait pu être en faillite, que les biens s'y soient vendus 30 % moins cher qu'alentour, que les écoles étaient menacées de fermeture, faute d'investissement, pour ne pas avoir respecté les avertissements des commissions de sécurité incendie. À cette époque, les habitants voulaient partir et les voisins immédiats ne seraient jamais venus y acheter le moindre bien. La dette quant à elle est passée depuis lors de 45 millions à 26 millions, soit une réduction de près de la moitié.

La récompense fut à chaque élection le soutien plus que massif de mes concitoyens (76,15 % en 2001, 79,7 % en 2008, 77,15 % en 2014). Soutien d'autant plus réconfortant qu'il faisait suite, à chaque élection et notamment la dernière, à des campagnes contre moi d'une violence déraisonnable. Preuve aussi de l'exaspération du petit milieu politique que j'avais privé de son jouet et qui, à chaque élection, faisait débarquer une escouade d'anciens ministres pour dire aux habitants tout le mal qu'il fallait penser de moi !

Soyons francs, cette légitimité populaire renouvelée est pour moi un sujet de fierté, la récompense d'un travail acharné avec toute une équipe. Elle explique sans aucun doute ma liberté de parole nationale et mon indépendance politique. Je n'ai plus besoin de m'agenouiller devant les apparatchiks partisans pour décrocher les investitures. Je n'ai pas besoin de ramper devant les « grandes » formations pour pouvoir dire mes vérités aux Français et pour écouter les leurs.

Parfois, certains collègues proches, maires de villes voisines que j'ai quand même aidés à se faire élire, loin de m'épauler et de faire bloc autour de moi, semblent plus ou moins tétanisés de me voir défier « le parti » ! Qu'importe, puisque le peuple, ce beau mot qui symbolise le miracle de la démocratie, répond présent lorsque le danger menace.

Les électeurs fidèles ne m'approuvent pas pour me faire plaisir mais pour saluer les résultats obtenus, des faits bien réels, des réalisations bien concrètes : un endettement divisé par deux, la fin du bétonnage, le rachat de dizaines d'hectares d'espaces naturels pour les ouvrir au public, la construction d'un complexe culturel unique en banlieue, la réduction de la délinquance, la performance du service public, une politique de logement social originale.

Je pourrais aussi citer des initiatives dont je suis fier tant elles ont changé la vie de certains.

Je pense par exemple à la création et au soutien de l'association Léa qui vient en aide aux victimes des violences familiales. Tout un réseau de bénévoles a été constitué pour aider des femmes à sortir du rapport de dépendance qui souvent les empêche de quitter leur conjoint violent. La municipalité a mis à disposition sept appartements d'urgence (en transformant un ancien foyer). En cinq ans, l'effort de tous a permis à 279 femmes et 448 enfants de retrouver une vie paisible. J'aimerais tant convaincre mes collègues maires de faire de même pour que dans chaque ville de France on puisse vraiment lutter contre ce fléau. À cet égard, je suis révolté d'apprendre que, dans son arrêt du 18 février 2016, la cour d'appel de Versailles a relaxé un rappeur qui scandait : « Renseigne-toi sur les pansements et les poussettes. Je peux faire un enfant et te casser le nez sur un coup de tête » et « Ferme ta gueule ou tu vas te faire marie-trintigner », au nom de la liberté d'expression.

Autre initiative concrète : la bourse au permis de conduire. Nous offrons aux jeunes la moitié du coût du permis en échange d'un vrai travail d'intérêt général dans les services municipaux.

Deux exemples parmi beaucoup d'autres qui montrent combien avec un peu de volonté et en clarifiant les priorités on peut être utile.

Ces innovations multiples et ces résultats objectifs reconnus de tous n'ont pas été obtenus par hasard.

Ils s'expliquent par une démarche différente, originale que je crois, pour le plus grand bien du pays, possible de transposer au niveau national. Une démarche qui repose sur la définition d'un cap à vingt ans, la cohérence des moyens mis en œuvre et la capacité à associer la population.

Il n'y a tout d'abord pas de réussite possible sans la définition d'un cap à long terme qui donne du sens à l'action et permette à chacun de se dépasser au profit de la collectivité. Quand comprendra-t-on qu'une bonne gestion n'est qu'un moyen au service d'un projet global ? Un projet qui doit correspondre à l'identité et aux attentes réelles de la population concernée.

Quel Français a compris aujourd'hui ce que veut vraiment François Hollande pour la France ? Le sait-il vraiment lui-même ? Et s'il en a une idée, ce projet répond-il vraiment à l'âme du peuple, à son histoire, à son identité, à ses valeurs, à ses désirs ? C'était d'ailleurs le drame de Nicolas Sarkozy qui plaquait sur le pays une vision plus proche de Neuilly, Saint-Tropez ou Courchevel que de la France profonde, de nos terroirs millénaires. Sa vision de la France et celle des Français étaient profondément antinomiques, ce qui ne pouvait mener qu'au divorce.

J'ai compris dans ma ville qu'on ne pouvait réussir que si l'on partageait avec ses concitoyens, au fond de son cœur, la même vision de la collectivité. La même vision qui procède du même amour, de la même fierté. Rien n'est donc possible sans une communauté de cœur et de destin préalable. Les seules qui peuvent décupler les énergies et faire avancer une population, une entreprise, un peuple dans la même direction. D'où l'importance de maintenir la cohésion, c'est-à-dire l'identité des populations. Il ne peut y avoir de communauté de destin efficace si on laisse se juxtaposer des communautés différentes. Voilà pourquoi aucun pays ne peut survivre à une forte immigration sans permettre une assimilation réelle des nouveaux venus.

Dans ma ville ruinée, dévorée par l'appétit des promoteurs et exaspérée par une petite délinquance, nous avons, dès notre élection, retenu une devise : « La douceur de vivre », et fixé des objectifs clairs et partagés par tous : une ville verte, sûre, économe. Bien évidemment, cette ambition ne nous a pas empêchés de travailler correctement dans les autres domaines de compétence. Là aussi il est satisfaisant de voir combien le rassemblement autour de projets ambitieux à long terme peut mobiliser les énergies.

Au cœur de notre ville, la propriété Caillebotte, demeure du célèbre peintre impressionniste, était délabrée et à l'abandon. Que n'ai-je entendu quand j'ai proposé de la réhabiliter : « Nous sommes ruinés, c'est du prestige, nous n'y arriverons jamais, où trouveras-tu l'argent ? » Valérie, mon épouse, a cru dès le départ à ce projet. Nous avons fixé un objectif à très long terme : la réhabilitation complète et sa transformation, à l'exemple de Giverny, en un site de l'impressionnisme. Elle a su avec les équipes municipales successives tenir le cap. Étape après étape, subventions après subventions picorées à la région, au département, auprès de l'État, en vingt ans nous en avons fait la première destination touristique de l'Essonne. En 2014, l'exposition « Caillebotte à Yerres, au temps de l'impressionnisme » a attiré plus de 100 000 visiteurs qui ont vu une quarantaine de toiles peintes sur place, prêtées durant trois mois par les plus beaux musées du monde. Notre plus grande fierté est l'appropriation collective par tous les habitants de ce joyau de notre patrimoine. Une centaine de bénévoles assurent la surveillance du centre d'exposition qui chaque année attire des visiteurs venus de nombreux pays. Preuve s'il en est besoin que lorsque chacun connaît la direction prise et quand l'objectif correspond totalement à l'attente de ses concitoyens, on peut avec persévérance et méthode soulever des montagnes.

Jean de Boishue, également proche de Philippe Séguin, personnalité de grande culture, à l'époque député de l'Essonne, m'avait d'ailleurs tout de suite incité à me présenter à Yerres en me disant de manière énigmatique alors pour moi : « Tu corresponds à cette ville » ; « c'est une commune qui aspire à l'ordre, au sérieux mais aussi à la justice sociale. Un gaulliste de progrès ne peut qu'y réussir » !

Savoir fixer le cap est un exercice indispensable mais pas suffisant. Rêver un objectif n'a jamais permis de l'atteindre. Il faut aussi se donner les moyens de se hisser où l'on veut. Ce fut l'extraordinaire leçon du redressement réussi par le général de Gaulle, Michel Debré, Jacques Rueff et tant d'autres à partir de 1958.

La bonne articulation entre les buts, les moyens et les efforts ont permis de refonder notre pays et de lui donner de l'élan pour un quart de siècle. Si loin de l'impuissance publique des dernières années.

Pour revenir plus modestement à ma bonne ville de Yerres, jamais nous n'aurions pu obtenir nos résultats sans une grande liberté de pensée et d'action. Notre équipe était totalement neuve, elle n'était pas prisonnière des intérêts des notabilités locales, des petits arrangements entre amis, des services rendus, des compromissions.

J'ai beaucoup surpris un jour un de mes collègues député qui m'interrogeait sur mon implantation locale lorsque je lui ai appris qu'en vingt ans, je n'avais jamais assisté à un dîner de notables aussi sympathiques soient-ils en ville. J'ai usé mes chaussures en revanche aux repas de rues, aux fêtes de quartiers, sur les stades, dans les bistrots, mes samedis, mes dimanches parmi mes concitoyens, celles et ceux au service desquels les élus devraient toujours être !

Avant chaque décision, je ne me pose qu'une question : est-ce l'intérêt de la ville ? Au terme de chaque mandat, je demande à la population de réfléchir en conscience si nous leur rendons la ville en meilleur état que nous l'avons trouvée.

Cette liberté de pensée nous a permis d'être audacieux dans les solutions à apporter aux inextricables problèmes notamment financiers et urbanistiques auxquels nous étions confrontés.

Dès mon élection, je fus vite convaincu que pour sortir la ville de l'ornière, il fallait changer les données de l'équation. Mon prédécesseur socialiste qui avait hérité lui-même de la faillite du fameux maire RPR, créateur d'un Aquaboulevard local maudit, le Triton, s'était lancé dans la pire des politiques malthusiennes : augmentation brutale des impôts, suppression des dépenses d'investissement et rabotage sans discernement des dépenses de fonctionnement. Les habitants payaient toujours plus pour vivre dans une commune sale, abandonnée, déprimée. Les élus passaient leur vie à se lamenter et à expliquer qu'ils ne pouvaient rien faire. Exactement la politique de récession cumulative d'un Laval en 1935 ou des Papandréou et Samaras en Grèce. Une souffrance collective sans résultats. Le cercle vicieux du déclin.

La différence entre une ville et un pays tient au fait essentiel que les habitants peuvent déménager. Quand j'ai été élu, les habitants vendaient leur résidence, s'en allaient. Mon prédécesseur pour y répondre s'était lancé dans le bétonnage, voulant attirer de nouvelles populations. En fin de compte cette fuite en avant exaspérait encore plus les Yerrois qui voulaient conserver leur seul atout : leur espace naturel exceptionnel aux portes de la banlieue.

En arrivant, dos au mur, nous avons eu l'audace d'oser un traitement de choc positif. Augmentation d'impôts pour combler les trous mais aussi pour investir et attirer des subventions fortes des différentes collectivités. Parallèlement, nous avons réduit les dépenses de fonctionnement mais en ne ciblant que quelques gros postes, notamment les intérêts d'emprunt grâce à une renégociation de la dette et la suppression d'une concession de restauration scolaire à un organisme privé qui se gavait sur le dos de la commune.

Je me souviendrai là aussi longtemps de l'inquiétude des élus lorsque j'ai proposé de rompre ce partenariat public-privé qui nous ruinait. Un jeune avocat m'avait proposé cette solution juridique pour nous dégager de ce contrat de concession inéquitable avec la société Sogeres. Le patron de cette entreprise avait cru m'amadouer en me vantant les mérites de la salle à manger privée qu'il avait installée pour mes prédécesseurs socialistes dans la cuisine centrale flambant neuve. Puis, il m'avait offert sa loge à Roland-Garros ! Sans succès ! Nous nous sommes finalement engagés dans une rupture pour motif d'intérêt général, la première en France. Malgré tous ses recours, nous avons gagné devant les tribunaux, économisant chaque année une somme considérable puisque nous achetions désormais les 3 000 repas par jour deux fois moins cher chez un autre fournisseur !

En matière d'urbanisme, de la même manière nous avons agi à la hussarde. Nous avons classé inconstructibles des dizaines d'hectares d'espaces verts, interdit la construction des immeubles en zone pavillonnaire. Parfois même, il a fallu bluffer en recevant des promoteurs bénéficiant déjà des permis, signés par mon prédécesseur, en les menaçant de tout révéler. Ils devaient avoir sacrément mauvaise conscience puisqu'ils sortaient du bureau en m'annonçant l'abandon de leur projet immobilier. Nous avons ainsi évité la construction de près de

1 000 logements sur des espaces naturels qui font le bonheur des habitants.

J'ai grand plaisir à me promener le long de la rivière sur les kilomètres de la promenade publique que nous avons créée en songeant à tous les immeubles qui auraient défiguré ce site exceptionnel. Il n'y a que moi qui le sache aujourd'hui, mais qu'importe ! J'ai la satisfaction du devoir accompli.

A posteriori, j'ai compris que notre réussite à sortir Yerres de la faillite s'expliquait aussi par la jeunesse de mon équipe. J'avais trente-quatre ans. Nous n'avions rien à perdre, pas de fil à la patte, pas de service à rendre. Nous étions dos au mur. Soit nous arrivions à redresser la barre, soit le préfet plaçait la ville sous tutelle, je perdais l'élection suivante et Yerres devenait une banlieue comme une autre.

La première année fut éprouvante. Je me souviens encore du jour où, promenant ma fille de trois ans au parc Caillebotte, j'avais croisé des concitoyens qui, en me voyant, avaient tourné ostensiblement la tête.

J'ai dû affronter une manifestation de 3 000 personnes protestant contre les coupes dans les dépenses avec à la tête tous les responsables de gauche comme de droite qui avaient ruiné la ville. Les manifestants à l'arrivée devant la mairie ont été surpris de trouver les portes grandes ouvertes. Le commissaire de police inquiet me l'avait déconseillé. Je me souviens très bien avoir dit à la foule virulente : « Entrez, vous êtes chez vous. Je ne suis que l'occupant très temporaire de cette mairie. Vous pouvez en mettre un autre à ma place. Bon courage. » C'était il y a déjà vingt ans...

Personne n'a cassé la mairie et nous avons débattu des heures dans la salle des mariages. La colère est retombée car au-delà du cap fixé, au-delà de l'audace employée, nous avons redressé la ville avec les habitants et pour eux.

En effet, rien ne peut se faire sans l'adhésion et plus encore l'envie, le soutien actif des citoyens. Tout repose sur la participation de chacun à l'œuvre de tous.

Au soir de chacune de leur défaite, les socialistes yerrois s'interrogent d'ailleurs à haute voix pour savoir comment une équipe peut être plébiscitée alors que les impôts locaux restent malgré tout encore très élevés. Tout simplement, car j'ai toujours joué cartes sur table, ne cachant rien et associant les habitants à tous les choix. Seule une démocratie vivante nourrit un sentiment d'appartenance et donne la légitimité pour agir. C'est parce qu'aujourd'hui en France la démocratie est étouffée que les Français se replient sur eux-mêmes et refusent tout effort collectif.

Nous avons été ainsi les premiers à organiser un référendum local dans une commune. Le déficit de la vieille patinoire était très élevé. Il fallait trancher. Nous préférions ouvrir des places en crèche, rénover les écoles, recruter des policiers que de financer à fonds perdus le loisir d'une minorité aussi sympathique soit-elle. Entre les manifestations des clubs de hockey sur glace ou de patinage artistique pourtant relayées par la presse et le score sans appel de 80 % de votants en faveur de la fermeture, le match fut vite plié : on ne manifeste pas contre le peuple. C'est lui qui paye et qui décide. Il est frappant que toutes les résistances locales du petit milieu socialiste yerrois, à des mesures originales comme la suppression des allocations pour les familles de délinquants, l'obligation pour les élèves de faire le ménage de leur classe ou les saisies confiscatoires des motos bruyantes, ont vite disparu comme par enchantement quand j'ai menacé d'organiser un référendum local. Les contestataires savaient pertinemment que ces mesures de bon sens étaient largement soutenues par les habitants.

Voilà pourquoi on ne réformera la France que par le référendum. Seule la légitimité populaire pourra vaincre l'oligarchie. Imagine-t-on les magistrats faire grève contre le durcissement des lois pénales approuvées par référendum ? Imagine-t-on les belles âmes des bobos parisiens manifester contre un rétablissement des frontières nationales approuvé à 80 % des voix ? Le terme de majorité silencieuse n'est pas vain. Donnons-lui enfin la parole ! À l'image de la Suisse qui a su, par des référendums multiples, renforcer sa cohésion et protéger son identité sans évoquer même ses succès économiques (avec l'un des plus faibles taux de chômage d'Europe).

Cette participation des habitants aux choix généraux s'est aussi exprimée au quotidien par un fonctionnement exigeant des conseils de quartier que nous avons été parmi les premiers en France à installer. Quatre-vingts pour cent des investissements locaux sont décidés par les habitants présents aux réunions. Le bon sens populaire règne. Les investissements inutiles sont rejetés. Les discussions sont vives entre les uns et les autres mais un équilibre se forme puisque le groupe décide en fin de compte.

Cette démarche déplaît fortement aux apparatchiks des partis qui m'accusent de démagogie ou de clientélisme. En France, écouter les habitants est une faute de goût. Exactement comme en matière culturelle, il est recommandé dans nos communes d'organiser des spectacles où personne ne vient. Lorsque j'ai mis en œuvre une programmation culturelle populaire de qualité, on m'a traité de « beauf ». En quelques années, nous avons multiplié par dix le nombre de spectateurs, s'élevant à plus de 40 000 par an avec un taux d'occupation des sièges de notre théâtre de 95 % !

On m'inflige régulièrement des plaisanteries sur le fleurissement de la ville et le soin apporté à l'espace public, notamment dans les quartiers HLM. Je réponds à chaque fois que je ne vois pas pourquoi les plus modestes devraient vivre dans un cadre dégradé sous prétexte qu'ils subissent la loi des petits voyous de proximité !

De même, beaucoup de votes ont lieu toute l'année avant les décisions lorsqu'elles concernent une rue : sens unique, stationnement, etc. Nous sommes même revenus sur une décision après une pétition sur une solution retenue et nous avons organisé un autre vote.

Cette participation citoyenne impose une répartition juste de l'effort. Les élus ont, chez nous, toujours montré l'exemple. Je me souviens avoir strictement interdit l'utilisation de la cocarde sur les voitures des adjoints, comme j'ai toujours veillé à payer en ville toutes mes consommations, ce qui changeait de mes prédécesseurs !

Il est surprenant d'être obligé de mentionner ce qui peut paraître évident. Le fait de renvoyer à un bailleur social HLM un magnifique livre d'art qui m'était adressé pour la nouvelle année, par exemple. Pourquoi ? Parce que ce renvoi était assorti d'un petit mot lui demandant d'utiliser cet argent à baisser les charges exorbitantes des logements sociaux. Excès de zèle, diront certains. Je ne le crois pas car le diable se niche dans les détails et les Français n'en peuvent plus de devoir se serrer la ceinture alors que ceux qui leur demandent cet effort s'en exonèrent.

C'est le même esprit d'association qui a inspiré la gestion du personnel communal. Nous n'aurions jamais réussi à transformer notre ville sans l'engagement exceptionnel des agents municipaux. Alors que les fonctionnaires sont souvent décriés dans notre pays, plus de la moitié d'entre eux n'ont pas été absents, ne serait-ce qu'une journée, l'an passé. Preuve s'il en était besoin de l'intérêt qu'ils portent à leur travail. Fruit aussi d'une politique très originale qui exploite au maximum les souplesses, plus grandes qu'on ne l'imagine, du statut de la fonction publique.

À l'exigence élevée de qualité et d'investissement personnel au travail (ce qui a expliqué au début bon nombre de départs) répond un suivi personnalisé rigoureux des agents. Au début de mon mandat, les directeurs détestaient mon intérêt pour ce qu'ils appelaient les « petits », qui sont pourtant les piliers des services municipaux. En cas de dysfonctionnement, chacun, quel que soit son statut, pouvait faire appel à moi comme à mon adjoint au personnel. Nous avons ainsi répondu au besoin de considération et d'évolution d'agents qui n'en pouvaient tout simplement plus d'effectuer toujours la même tâche sans horizon de changement.

J'avais cassé la fameuse pyramide qui masque les difficultés et aboutit à la routine. J'ai ensuite volontairement promu les meilleurs des agents, souvent de catégorie C, à des postes d'encadrement, à la fureur de ma direction du personnel. Enfin, j'ai bataillé avec la préfecture pour multiplier les promotions, les primes, les avancements afin qu'un employé de notre ville à qui l'on demande plus qu'ailleurs soit favorisé dans sa carrière.

N'arrivant pas à répondre à toutes les demandes, nous avons innové par les conseils de service, sorte de cercle de qualité à la japonaise où chacun, sans rang hiérarchique, peut tout dire sur le fonctionnement du service. Les meilleures innovations, exactement comme dans les conseils de quartier, sont venues de la base tout simplement car elle vit son métier au quotidien. Les rigidités sont davantage dans les têtes que dans les statuts. Cette expérience m'a appris que l'on pouvait avec à la fois plus de souplesse dans les règles, plus d'autorité face aux brebis galeuses et plus de participation dans le fonctionnement des collectivités, doper la productivité de la sphère publique française. À titre d'exemple, en vingt ans avec de nouvelles missions, l'effectif municipal des agents permanents est passé de 555 à 414 agents ! Des agents mieux rémunérés, avec des métiers moins pénibles.

Savoir où l'on va, y associer les habitants comme le personnel et veiller à l'égalité devant l'effort constitue un préalable à tout redressement. Il ne s'agit pas de mots en l'air, de slogans, de postures. Chez nous on les retrouve au quotidien dans l'action. La communication est contre-productive si elle n'est pas en résonance avec les réalisations.

J'entends d'ici ricaner ceux qui pensent que cet exemple municipal ne peut servir de modèle pour la France. Ce qui est possible au niveau d'une commune moyenne ne l'est pas pour un pays, diront-ils. Soit il ne s'agit pas de la même échelle, de la même proximité. Mais ce sont les mêmes Français, avec leurs attentes, leurs souffrances, leurs joies, leurs qualités, leurs faiblesses… Nous avons affaire à une communauté humaine qui a aussi envie d'être fière d'une œuvre collective et envie, ou non, d'y participer. Pourquoi alors ce qui a été possible pour redresser une ville de 30 000 habitants comme Yerres ne serait-il pas transposable à la France, bien sûr avec les limites du bon sens ?

Pour redresser une ville et pour ressusciter un pays, les techniques ne sont certes pas les mêmes mais l'esprit est strictement identique : c'est celui du bien commun et de l'œuvre commune, qui donne le sentiment de l'appartenance commune.

J'entends alors immédiatement l'argument habituel des défaitistes de tout poil. Mais la France est trop petite. Dans le monde d'aujourd'hui que peut-on faire tout seul ? Quel contresens sur la mondialisation !

7

Le retour des nations

Rien n'est plus difficile que de lutter contre le faux bon sens !

Jean-Pierre Raffarin, ancien Premier ministre de Jacques Chirac m'avait apostrophé dans un débat télévisé : « Croyez-vous qu'avec 65 millions la France peut rivaliser avec la Chine et son milliard d'habitants ? » Les défaitistes professionnels présents sur le plateau hochaient de la tête avec un air entendu et chacun à tour de rôle concluait que les Français devaient s'agenouiller devant plus gros qu'eux. Lorsque je leur ai répondu qu'à les entendre, on devrait alors signer la mort de la plupart des nations moins peuplées que la Chine, je n'ai entendu que rires et moqueries !

C'est ce même raisonnement qui inspira le maréchal Pétain lorsqu'il demanda l'armistice pour « protéger les Français » ! Pour le vainqueur de Verdun, l'analyse du rapport de force exigeait l'arrêt immédiat des combats. Il plaquait son bon sens militaire sur une réalité historique apparemment incontestable. Il reprenait aussi à son compte les mauvaises sirènes qui, déjà à cette époque, invoquaient la décadence d'une France prétendument corrompue et intrinsèquement affaiblie, supposée se régénérer à l'ombre du vainqueur. « Grande nation » oblige, on ne pouvait espérer que la place de brillant second et il fallait s'employer avec zèle à la décrocher… Mais dans ces étranges calculs, Pétain omettait bien entendu l'essentiel.

Depuis David et Goliath, une conscience qui s'appuie sur la liberté, la morale, la vérité, la quête de justice, peut tout bouleverser et même vaincre la force. Pétain oubliait autant l'immoralité destructrice du pouvoir nazi que le caractère changeant des rapports de puissance.

Par miracle, un général alors inconnu avait bien compris que les nations étaient des ensembles par l'esprit, par la morale, avant d'être des unités territoriales et économiques. C'est ainsi qu'il sauva l'honneur du pays. La situation historique à laquelle s'appliquait cet apparent bon sens vichyste était fragile et réversible compte tenu des forces en présence, des valeurs nationales et démocratiques, du caractère mondial du conflit et de la puissance industrielle des États-Unis. Grâce à l'appel du 18 juin la France put s'asseoir à la table des vainqueurs, se libérant de la monstrueuse occupation allemande et évitant l'humiliante administration américaine de l'AMGOT.

Au-delà de l'esprit de résistance, le général de Gaulle avait une vision du monde juste et prophétique. Une fois président de la République française en 1958, il anticipa en pleine guerre froide, de manière visionnaire, le monde, multipolaire d'aujourd'hui.

Il est tellement paradoxal qu'en ce début du XXIe siècle, au moment où ce monde multipolaire s'impose à nous, donnant une nouvelle jeunesse à l'idée nationale, nos dirigeants aient choisi de l'ignorer. Ils regardent dans le rétroviseur du XXe siècle et obéissent aux réflexes pavloviens de la guerre froide.

Ils pensent, analysent et agissent, surtout en faveur de la construction européenne, sur des schémas des années 1950 totalement dépassés. Ils nous font croire que seule la création de conglomérats les plus gros possible, à l'image de l'URSS ou de la Yougoslavie, nous sauvera alors que c'est exactement l'inverse qui va se produire. Tant de conglomérats sans cohésion se sont déjà fracassés sur cette illusion de la création par décret d'un peuple et d'une nation. Les pays qui réussissent aujourd'hui ont tous privilégié la cohésion au poids.

Nos gouvernements agissent exactement comme leurs prédécesseurs des années 1930 qui avaient imaginé et bâti la ligne Maginot, inspirée par les guerres de 1870 et de 1914, au lieu d'anticiper la mécanisation des armées qu'Hitler organisait sous leurs yeux.

De même, il a fallu en passer par des souffrances inouïes pour que des dirigeants à courte vue, après avoir reproduit les recettes inefficaces du passé, osent suivre les conseils d'un Keynes pour sortir de la terrible crise de 1929. Notre pays aux élites très refermées et conservatrices ont d'ailleurs été souvent plus « autistes » que les autres. En témoigne le plan Laval de 1935 qui s'arcboutait déjà sur le franc fort « bloc or » et mettait en œuvre une déflation totalement contre-productive. À la même époque, les Britanniques et les Américains relançaient leur économie en dévaluant leur monnaie.

Rien n'a vraiment changé. Les leçons de l'Histoire n'en finissent pas d'être négligées pour donner lieu aux mêmes erreurs. S'accrochant aux schémas pensés dans les années 1970, il y a près d'un demi-siècle, nos gouvernants passent à côté de l'évidence. L'habitude ou l'idéologie formatent les esprits, leur interdisant d'ouvrir grands leurs yeux, leurs oreilles, leur intelligence pour comprendre sans a priori le monde qui vient, sans le voir autrement qu'il n'est. Il faut anticiper les forces montantes, les courants d'idées nouveaux, les ruptures scientifiques.

Chaque génération a toujours beaucoup de difficultés à s'extraire du temps de sa jeunesse qui a formé sa pensée. La génération « soixante-huit » qui domine encore et dirige la France d'aujourd'hui illustre parfaitement ce piège grossier. Elle est d'autant plus dangereuse qu'elle croit servir « le bien », « la modernité », « la liberté » alors qu'elle est devenue au fil du temps l'idiot utile de la pire régression sociale, politique et morale qui soit.

C'est aussi au nom de la liberté par exemple qu'elle milite ouvertement pour la gestation pour autrui (GPA) qui esclavagise comme jamais le corps des femmes et transforme un enfant en un objet que l'on peut commander sur catalogue ! Le célèbre Pierre Bergé a même osé affirmer : « Louer son ventre pour faire un enfant ou louer ses bras pour travailler à l'usine, quelle différence ? »

Cette même génération nous parle encore du village planétaire en oubliant que l'année de ses vingt ans, elle pouvait aller à Katmandou en voiture, alors que désormais, la moitié des candidats au grand départ vers l'Orient seraient égorgés avant d'avoir atteint Kaboul. Au nom d'un internationalisme généreux, mais forcené elle a voulu effacer les frontières que notre histoire avait tracées ; avec le résultat que l'on connaît !

Elle a laissé se développer des migrations porteuses de misère, de désespoir et créatrices de haine. Il est tellement facile d'importer de la main-d'œuvre bon marché pour en privatiser les gains immédiats au profit des entreprises et en reporter sur la collectivité les coûts de long terme. Surtout quand on se claquemure dans les beaux quartiers, laissant les pauvres se déchirer entre eux dans les banlieues.

C'est au nom de la liberté de parole la plus absolue qu'elle a fini par instaurer l'enfer du politiquement correct, la fameuse pensée unique, qui entend interdire aujourd'hui aux Français de penser et de s'exprimer comme ils l'entendent.

Daniel Cohn-Bendit, égérie de Mai-68, est aujourd'hui l'archétype de cette bonne conscience dépassée et un tantinet hypocrite qui ne veut pas et n'a pas intérêt à comprendre le monde qui vient et qui désormais apporte son soutien à Alain Juppé, le partisan du statu quo européiste.

Confrontée à l'échec économique, social mais aussi moral de sa politique, l'oligarchie post-soixante-huitarde qui gouverne la France manie avec une force et un cynisme extrêmes la caricature de ses adversaires.

Les millions de chômeurs, l'insécurité, les migrations, la chute du niveau scolaire commençant à se voir, il ne leur reste qu'un argument : « vous êtes nostalgique d'une époque révolue, vous voulez replier la France sur elle-même ». Combien de fois dans des émissions ai-je entendu cette facilité ? En somme, s'opposer au détricotage de tous les droits sociaux, aux inégalités les plus folles, à la marchandisation du corps humain, serait contre la modernité et le progrès ? Mais c'est exactement l'inverse. Ce sont eux qui, renonçant à un idéal, nous replongent deux siècles en arrière quand il fallait accepter le pire de l'exploitation de l'homme par l'homme. Ce sont eux les passéistes ! les ringards ! les nostalgiques ! L'attachement à la démocratie, à la liberté, au progrès humain est, ne l'oublions jamais, intemporel comme l'air que l'on respire, un beau paysage que l'on contemple, un amour que l'on éprouve.

La force du rouleau compresseur du faux bon sens s'est abattue ainsi sur la Grèce. Le peuple grec était soudain coupable de tous les méfaits. Je connais et j'aime ce pays. Je ne mésestime pas ses dysfonctionnements, notamment l'égoïsme de sa classe dirigeante mais je sais combien le petit peuple est, contrairement à l'image qu'on en donne, droit, travailleur et courageux. Un peuple profondément attaché à ses traditions, à ses valeurs, à son identité. La manière dont on le traite aujourd'hui est indigne car les souffrances économiques, sociales et morales qu'on lui inflige sont de surcroît inutiles et, pire, contre-productives. Mais, comme le dit le proverbe populaire : « quand on veut tuer son chien, on dit qu'il a la rage ».

Cette manipulation des masses qui s'appuie autant sur la télévision que sur la destruction des repères dans l'enseignement, notamment celui de l'histoire, n'a pas réussi à tuer le bon sens populaire. Tout au contraire. La jeunesse de France a compris l'arnaque de la caste à bout de souffle qui nous gouverne. Ce n'est pas un hasard si ma popularité est la plus forte chez les 18-24 ans. Je ne suis pas allé chercher leur approbation, ils sont venus me l'apporter en visitant le contenu de mon projet qui n'a jamais varié. C'est de constance et de fermeté dont ils ont peut-être besoin. Ce sont des électeurs, des blogueurs, des débatteurs sur les réseaux sociaux, ils cherchent, ils tâtonnent, ils ne sont pas très sûrs, mais ils savent où ils ne veulent pas aller. Et sans doute reconnaissent-ils, chez les élus comme moi, ceux qui n'ont pas emprunté l'autoroute de la facilité.

C'est la jeunesse informée par Internet, donc plus ou moins affranchie de la pensée unique qui domine nos médias officiels. Elle est confrontée à la dureté économique de ce monde sans protection ni frontières. Elle est sensible aux injustices de notre société suffisante et donneuse de leçons.

Je suis à cet égard impressionné par la maturité politique des très nombreux jeunes qui ont rejoint Debout la France. Ils ont très bien décrypté les hypocrisies de notre société. Ils partagent l'indignation à laquelle les appelait avec force et talent Stéphane Hessel, l'ancien résistant, mais elle ne leur suffit pas. Ils veulent du solide, du concret. En un mot, un projet politique capable de résoudre les problèmes et de changer en profondeur les choses. C'est une jeunesse très sérieuse tant elle a vu ses parents trompés par la politique. C'est une jeunesse morale qui a compris les limites du « tout est permis ».

C'est une jeunesse exigeante. C'est elle souvent, quand le moral flanche, qui me redonne l'énergie pour rebondir.

Cette jeunesse sait désormais qui lui ment et qui lui dit la vérité. Elle sera, à n'en pas douter, le levain de demain.

Une jeunesse bien plus patriote qu'on ne l'imagine car, paradoxalement, dans ce monde qui ne fait plus qu'un, la culture d'origine comme les racines d'un arbre compte d'autant plus.

Ce rétrécissement du monde par Internet change aussi la donne pour l'Europe. Il permet à un Français d'être aussi proche d'un Américain, d'un Brésilien ou d'un Russe que d'un Italien ou d'un Allemand. La mondialisation a progressé beaucoup plus vite que l'européanisation car les fédéralistes européens n'ont pas eu le temps d'inventer une nouvelle identité de substitution (si tant est que cela soit possible, ce que je ne crois pas).

La jeunesse est sans doute la mieux placée pour comprendre que ce n'est pas en additionnant vingt-huit pays si différents dans un ensemble uniforme, bureaucratique, opaque et lourd que l'on aidera les peuples d'Europe à réussir dans le monde de demain.

Les Jean-Pierre Raffarin de tout acabit ont beau nous expliquer que « l'union fait la force » et que face à la Chine et aux États-Unis, il faut se fondre avec nos voisins, ce raisonnement en forme de conte de fées reste purement incantatoire.

Tout d'abord, car il est dangereux de vouloir imiter ce qu'on n'est pas. Les États-Unis sont devenus le grand pays que l'on sait car ils n'étaient pas formés, à l'origine, de nations ancestrales. Quant à la Chine, outre l'État national reconstruit par Mao, elle a sa propre cohésion confucéenne ancestrale, linguistique, culturelle, qui fait sa force.

Ensuite, on ne peut pas créer par décret un peuple, une nation. « On ne fait pas une omelette avec des œufs durs » avait l'habitude de dire le général de Gaulle pour se moquer de l'Europe supranationale et vanter son Europe des coopérations nationales autour de projets concrets.

Le fondateur de la Ve République avait compris l'utilité d'intensifier les liens entre Européens pour rivaliser avec les géants du temps. Mais en choisissant les leviers pertinents, des projets concrets avec un pilote national dans l'avion. C'est d'ailleurs la seule Europe possible car elle s'appuie sur la vitalité des nations et des peuples au lieu de les nier ! C'est cette Europe, cela n'aura échappé à aucun observateur impartial, qui a fait ses preuves avec Airbus ou Ariane.

On en est bien loin aujourd'hui. Nos dirigeants cèdent à une tentation autoritaire qui, pour reprendre cette image, consiste à écraser les œufs durs, c'est-à-dire à briser les nations et les peuples.

Cette démarche suicidaire peut démoraliser nos concitoyens qui n'ont plus envie d'agir au niveau national pour relever les défis du monde puisqu'on leur répète à longueur de temps que la nation ne sert à rien. L'Europe tout entière se retrouve au bord du néant. Les peuples ne savent plus qui ils sont, d'où ils viennent. En les déracinant, loin de renforcer l'ensemble européen, on le fragilise. Perdus dans un matérialisme sans horizon, si ce n'est celui de la frustration permanente, on les condamne à la nonchalance et à la dépression. La perte d'estime de soi précède toujours la soumission.

On nage ainsi en plein contresens historique dans la mesure où l'évolution de la mondialisation rend caduque la fusion européenne et consacre au contraire le retour des nations.

À ceux qui nous expliquent que la France est trop petite pour être libre, il suffit d'observer la réalité du monde d'aujourd'hui. La richesse des nations, l'épanouissement des peuples, leur influence et même leur puissance dans une mesure relative ne sont pas obligatoirement liés à leur poids. Mais plutôt à leur cohésion, leur agilité, leur dynamisme, leur capacité à fonctionner en réseau.

Comment expliquer autrement l'extraordinaire leçon de résistance à la finance mondiale de ce minuscule État perdu au milieu de l'Atlantique-Nord : l'Islande. Ce pays de 330 000 habitants a refusé d'être la victime collatérale de la crise des subprimes. Il a osé faire face au colosse aux pieds d'argile des banques britanniques et a gagné son combat. Il a privilégié son peuple et a mis la finance à genoux. Il a repris son indépendance monétaire. Après une dévaluation massive il a relancé vigoureusement ses exportations pour diminuer de moitié son taux de chômage.

Loin de faire preuve de laxisme, les Islandais ont consenti des efforts mais au service de leur nation, c'est-à-dire d'eux-mêmes. Le pouvoir politique a défendu son peuple. Il l'a réconcilié avec lui-même et remis debout.

L'île de Chypre, à l'opposé, s'est couchée devant la Banque centrale européenne et s'est engluée dans des difficultés insurmontables. Son gouvernement a perdu sa légitimité populaire. Le pays est devenu un protectorat.

Je pourrais citer aussi le Danemark qui a suscité un tollé récemment en rétablissant les contrôles à sa frontière terrestre sud avec l'Allemagne et qui ne s'en porte pas plus mal, ou encore la Suède.

Et la Norvège comme la Suisse qui ne font pas partie de l'Union européenne et qui sont parfaitement capables de se protéger et d'exporter, offrant à leurs habitants des salaires près de deux fois supérieurs aux nôtres.

Ces deux pays réussissent car ils ont conservé la maîtrise de leur destin ! Ils décident de leurs lois, de leur budget et de leur monnaie. Le principe de responsabilité qui s'impose en démocratie à tout dirigeant d'un pays libre n'est pas pris dans les sables mouvants des normes, règlements et autres tutelles imposés par un maquis de commissaires, juges, banquiers qui ne doivent rendre aucun compte car ils n'ont jamais été élus par personne. Des pays comme la Norvège et la Suisse sont agiles dans la mondialisation. Ils ne gémissent pas et la prennent telle qu'elle est. Ils ne sont pas tournés vers le passé. Ils osent simplement être eux-mêmes et défendre leurs intérêts. Et ça marche !

Ainsi, tout en étant libérale et avec une dépense publique nettement inférieure à celle de la France, la Suisse sait défendre son agriculture par des mesures dites protectionnistes qui sont interdites dans l'Union européenne.

Lors d'une visite dans le Vaucluse, j'ai eu un jour la surprise de tomber sur un producteur de salades qui m'a confié que ses principaux marchés d'exportation étaient la Suisse et la Norvège. Interloqué, je lui en demandai la raison. Il me répondit que, n'étant pas dans l'Union européenne, ces pays avaient encore le droit de bloquer les importations des produits qui ne respectent pas leurs normes sanitaires nationales très exigeantes. Et le producteur d'ajouter, je cite : « L'administration française étant très tatillonne, ils savent que nous produisons les salades les moins toxiques. » En revanche, dans nos supermarchés, les salades importées du monde entier sont bourrées de produits cancérigènes ! L'Union européenne impose en effet des normes très exigeantes à nos producteurs mais laisse entrer, au nom du libre-échange, des produits qui n'en respectent aucune. On marche sur la tête !

Je pourrais aussi citer la politique de la pêche avec d'un côté la Norvège qui défend ses droits de prise car elle en a encore les moyens juridiques, politiques et, de l'autre, une Commission européenne qui a cassé les flottes des pays membres.

Je pourrais encore évoquer ces dirigeants marocains ou algériens qui m'ont dit récemment ne pas comprendre pourquoi la France laissait se propager un tel désordre dans ses banlieues.

Chaque nation a son histoire, son identité, sa langue, ses atouts et ses handicaps. Il ne s'agit en aucun cas d'en ériger une en modèle mais de constater que la fin de la logique de la guerre froide, la chute du mur de Berlin, l'émergence de puissances dites du Sud, ont rebattu les cartes.

La suprématie américaine absolue est terminée, même si son hyperpuissance demeure. Le monde multipolaire est là : instable, mais aussi prometteur pour les nations qui savent jouer leur partition, tirer parti de cette globalisation nouvelle. C'est ce qu'a bien compris le Royaume-Uni en préparant sa sortie de l'Union européenne.

La rapidité d'action d'un État, son anticipation sur les rapports de force de demain valent autant que son poids. Il ne s'agit pas de se féliciter ou de se plaindre. C'est un fait objectif. On ne blâme pas un fait, on en tient compte.

Les États qui réussissent ne sont pas les plus peuplés. La France, contrairement à ce que nous répètent en boucle les défaitistes, a tout pour réussir dans cette mondialisation parce qu'elle a du génie.

Voilà pourquoi elle doit reprendre ses esprits et renouer avec une politique étrangère et de défense indépendante. Non pas seulement pour défendre ses propres intérêts, ce qui est le préalable à tout bien sûr, mais pour défendre partout à travers le monde le message qu'elle entend porter pour tous les peuples de la terre. Une nation universelle ne peut pas s'arrêter de parler au monde. Mais pour y réussir, elle doit être libre de sa pensée et de ses actes et donc s'en donner les moyens.

C'est dans cet esprit que j'ai souhaité comprendre les ressorts des fulgurantes réussites de certains pays d'Asie. J'ai pu m'en rendre compte de visu l'an passé en me rendant en Asie du Sud-Est.

Je n'imaginais pas avant de me rendre sur place à quel point des pays aussi différents par leur niveau de développement et la nature de leur régime que Singapour, le

Vietnam ou la Corée du Sud appliquaient dans les faits la politique gaulliste de redressement national. Eh oui ! Encore ! Celle qui avait permis les fameuses Trente Glorieuses. Je retrouvais aussi à une autre échelle les trois principes qui structurent mon action de maire à Yerres : fixer un cap à moyen terme, se donner des moyens cohérents pour l'atteindre et surtout associer les habitants aux grands choix.

Le premier point commun entre toutes les « petites » nations qui réussissent est leur forte volonté politique. Une volonté qui s'explique tout simplement par un sentiment de vulnérabilité ou de revanche. Singapour par exemple, micro-État de cinq millions d'habitants, a réussi l'exploit de se hisser au troisième rang mondial pour sa richesse par habitant. Cette « ville-monde » coincée au nord entre la Malaisie dont elle est un démembrement et au sud l'Indonésie, véritable mastodonte de 250 millions d'habitants, ne devait pas exister. De même, la Corée du Sud, menacée par son voisin du Nord, n'avait pas le choix. Quant au Vietnam, après un communisme dévastateur, il fallait bien d'une manière ou d'une autre qu'il s'en sorte.

À chacune de mes rencontres avec des responsables politiques ou économiques locaux, j'ai été stupéfait de la clarté des objectifs fixés et de la vision à long terme énoncée. Pas à dix ans mais à vingt ou trente ans !

Il est à cet égard instructif de comprendre comment le Premier ministre de Singapour Lee Kuan Yew a construit un État capable de projeter son pays dans le futur.

J'ai été impressionné par l'organisation de l'État singapourien autour d'agences publiques recrutant en chaque domaine les meilleurs spécialistes. Les hauts fonctionnaires singapouriens surpayés ne sont plus sensibles aux tentations de pantouflage pour le compte de multinationales comme en France par exemple. Ils défendent bec et ongles les seuls intérêts du pays. Une véritable planification souple, exactement à l'image du Commissariat au Plan de la France des Trente Glorieuses, a été mise en œuvre. Au nom de la modernité, le gouvernement français l'a supprimée alors que toutes les grandes entreprises mondiales passent un temps important à élaborer leur fameuse copie stratégique pour, à juste titre, anticiper leur avenir à vingt ans. Ce qui est vrai à l'extrême pour Singapour l'a été aussi pour la Corée du Sud, Taïwan et tant d'autres nations qui avaient l'envie et l'obligation de s'en sortir.

Les ministères singapouriens définissent en liaison avec l'autorité politique de vrais objectifs chiffrés secteur par secteur. Au cap arrêté correspond la cohérence de moyens, ce qui est rarement le cas en France.

Contrairement aux apparences de la mondialisation dite ultralibérale, tous ces pays font preuve d'un véritable interventionnisme public. Ils ont réussi l'articulation indispensable entre le politique et l'économique. Comme au football ils jouent sur le terrain économique à la fois une défense protectionniste et une attaque conquérante.

Il est saisissant par exemple de constater que Singapour n'hésite pas, pour attirer des investissements de haute technologie, à subventionner leur installation. Ainsi, elle a financé une usine de production des cockpits des A320 par Safran alors que l'Union européenne traque les aides publiques sur notre sol de peur de rompre la libre concurrence ! D'un côté un État agile qui a compris que la bataille scientifique déciderait de la hiérarchie des nations, de l'autre, une bureaucratie tatillonne au service d'une idéologie ultralibérale dépassée. Un responsable d'une agence publique m'indiquait comptabiliser chaque année l'arrivée à Singapour, discipline par discipline, des meilleurs chercheurs mondiaux. Pendant ce temps-là, d'excellents doctorants scientifiques guignent en France des postes payés une misère.

Les pays d'Asie comme la Corée du Sud ont fait exactement de même, mêlant, avec finesse et ténacité, sous-évaluation de leur monnaie, ajustement des droits de douane, aides à l'innovation et investissement massif dans la science.

Le protectionnisme n'est pas là pour fossiliser l'économie ou sauver les canards boiteux. Il doit l'aider à grandir. Il fonctionne comme une couveuse de canards. Entre le communisme destructeur dont certains ont fait la tragique expérience et un capitalisme idéologique, tous ces pays à la réussite éclatante ont inventé une voie originale qui s'apparente au « libéral colbertisme » que je n'ai cessé de plaider pour la France.

Cette stratégie repose sur une économie de marché pour doper la créativité, l'esprit d'initiative, l'effort et le mérite, mais aussi sur un État stratège pour orienter la production nationale vers les secteurs d'avenir, doper l'innovation et la science. L'un n'excluant pas l'autre, tout au contraire.

C'est la cohérence de moyens entre eux et globalement avec le cap fixé qui explique la percée économique de ces pays. Il faut observer le système éducatif de Singapour ou du Vietnam (avec d'ailleurs leur excès de pression sur les enfants) pour comprendre l'ampleur de l'effort national engagé. Le niveau d'exigence, le respect d'autrui symbolisé par l'uniforme, la gymnastique du matin, l'amour du pays enseigné par la cérémonie du drapeau, devraient faire réfléchir les pédagogistes qui ont démoli l'instruction publique française. C'est pourtant elle qui a donné sa force à nos Républiques et mis en place un puissant ascenseur social.

Il est certain en tout cas que le patriotisme, commun aux dirigeants et au peuple, cimente ces nations. Ce patriotisme forge tout simplement l'amour de son pays. Et sans amour, il n'y a ni volonté, ni effort collectif.

On peut ne pas aimer Lee Kuan Yew Premier ministre de Singapour de 1959 à 1990, Vladimir Poutine ou d'autres, mais tous ont redonné de la fierté à leur peuple et de la grandeur à leur pays.

Il est d'ailleurs intéressant d'apprendre que Vladimir Poutine dispose de la biographie de Lee Kuan Yew sur son bureau.

Cette popularité de Poutine, incomprise en Occident, s'explique aussi par sa capacité à avoir sauvé la Russie du démantèlement total comme au temps d'Eltsine. Le parallèle avec le général de Gaulle est étonnant dans la mesure où les États-Unis ont commencé à s'attaquer au pouvoir russe non le jour où, en 2000, il a repris en main le pouvoir politique mais quand il a commencé quelques années plus tard, à l'instar du fondateur de la Ve République, à rapatrier l'épargne colossale du pays placée en bons du Trésor américain pour la transformer en or.

Le vrai combat aujourd'hui, nous en reparlerons, n'est pas entre la gauche et la droite, mais entre la finance mondiale qui a acheté nos gouvernements d'opérette et les États-nations encore au service de leur peuple. Des peuples qui, n'en déplaisent aux prescripteurs d'opinion parisiens, sont associés aux succès de ces pays.

Je n'avais par exemple jamais entendu parlé, avant de me rendre sur place, de l'efficace politique d'accession à la propriété mise en œuvre par le Premier ministre singapourien. Chaque habitant devant être propriétaire de son logement afin de se sentir propriétaire de son pays. Une cotisation accession est ainsi prélevée sur la fiche de paye, à l'image d'une cotisation sociale, et alimente un circuit financier qui a permis à travers l'accession à la propriété, une élévation sans précédent du niveau de vie des habitants. Œuvre à la fois de progrès social et de responsabilité individuelle. Comme chacun le sait, un copropriétaire ne se comporte pas comme un locataire. Son souci du bien commun, puisqu'il est aussi le sien, est décuplé par ce qu'il possède.

Les dirigeants demandent beaucoup à leur peuple mais en contrepartie, ils le protègent. On ne peut pas comprendre le succès de ces pays sans observer les mécanismes de redistribution par l'emploi, le pouvoir d'achat ou le logement. La cohésion nationale s'explique par la défense de la nation. À Singapour, la sécurité sociale est réservée aux Singapouriens. Les étrangers ont leur propre système de santé financé à parité par eux-mêmes et leur entreprise. Une femme étrangère enceinte doit repartir dans son pays d'origine pour y accoucher. On est loin du droit du sol !

L'État est là pour défendre les siens et personne ne crie au scandale xénophobe car il est normal que les efforts des citoyens les servent en priorité.

Lorsque l'on revient de ces pays où l'on a perçu l'extraordinaire mobilisation de tout un peuple pour gagner la bataille de la mondialisation, on ne peut que s'inquiéter pour le nôtre !

Tous ces pays sont conscients de mener une guerre économique dont nous sommes les proies naïves, insouciantes, nonchalantes, donc faciles !

Il est d'ailleurs étrange que notre oligarchie qui passe sa vie à demander à la France de s'adapter au monde, ne s'intéresse pas au nouveau monde, là où nos concurrents raffinent leurs méthodes pour nous doubler économiquement.

En définitive, ces pays qui gagnent chaque année des positions dans la bataille mondiale sont fiers d'eux-mêmes, c'est-à-dire patriotes. Ils n'ont pas de complexes. Ils osent tout simplement défendre leurs intérêts et ils peuvent s'en donner les moyens car ils n'ont pas renoncé à leur indépendance.

Il ne faut pas les idéaliser. Ils ont aussi leurs faiblesses. Nous n'aimerions pas toujours y vivre. Mais cela démontre simplement que pour les nations comme pour les individus, on n'est jamais trop petit pour être libre.

Chacun en fonction de son identité, de son histoire, de ses atouts, de ses handicaps, de son environnement, doit être maître de son destin pour être épanoui. Là aussi cela vaut autant pour les personnes que pour le pays.

Pourquoi alors ce qui est vrai pour des dizaines de petites nations ne serait-il pas possible pour notre pays, encore sixième puissance économique mondiale ?

8

Vive la France !

Par mon expérience de maire et de député comme au cours de mes déplacements à l'étranger, j'ai acquis la conviction qu'il n'y avait pas davantage de fatalité pour les nations que pour les individus.

Comme l'expliquent les champions sportifs, tout est dans la tête. Le mental, comme ils disent !

Malheureusement, à force d'entendre dans les médias les pseudo-experts mettre plus bas que terre la France et les Français parce qu'ils n'obéissent pas à leur vision des choses, nos compatriotes ont peu à peu perdu l'estime d'eux-mêmes. Est venue s'ajouter, sous la pression des communautarismes qui veulent dénaturer la France, une culpabilisation permanente de notre rôle passé. L'esprit de repentance laisse des traces. Tout a été fait pour casser le ressort de l'identité française. Un gros mot pour les tenants de l'aseptisation du monde, où tout se vaudrait et où le seul fait d'être fier de notre civilisation est assimilé à du racisme !

Fierté à chaque fois condamnée au titre d'une prétendue arrogance française. Les Américains, les Chinois, les

Allemands, les Algériens ont le droit d'être fiers d'eux-mêmes, de leur drapeau, mais pas nous ! Les jeunes Américains des *summer camps* saluent la bannière étoilée tous les matins. Les jeunes Chinois, les Japonais, les Coréens honorent leur pays à chaque distribution de prix. Il n'y a que dans le nôtre que c'est devenu une honte.

Il ne s'agit pas d'en appeler à un esprit grossièrement cocardier, mais simplement à une lucidité quant à nos atouts et à nos faiblesses. Il ne s'agit pas davantage de nier les souffrances de millions de nos compatriotes, mais de reconnaître enfin que notre pays ne manque pas de ressort pour rebondir.

En montrant toujours du doigt les supposées faiblesses congénitales du peuple français, l'oligarchie, qui a démissionné, transfère en fait sur lui sa propre responsabilité. Elle infantilise le peuple exactement comme le faisaient les occupants des territoires conquis. La destruction systématique et volontaire de l'enseignement de l'histoire à l'école participe de cette déconstruction du sentiment d'appartenance à la France.

À force de ne mettre en valeur que les autres cultures, de salir l'histoire de notre peuple, de passer sous silence ses héros et sa grandeur, on n'a plus de repères et on s'interdit toute capacité de rebond. Aucun pays au monde n'a poussé aussi loin une telle dévalorisation collective.

Sans remonter au temps des cathédrales, à Jeanne d'Arc, à Louis XIV, à Napoléon ou aux grandes lois de la République, il serait temps de rappeler à ceux qui nous croient incapables de réussir seuls (pour nous forcer à nous plier aux diktats des commissaires non élus de l'Union européenne) les belles réalisations de l'après-guerre.

À chaque fois que la France a lancé un grand projet industriel ou militaire, tous les beaux esprits qui dominent aujourd'hui avaient prédit l'échec !

La dissuasion nucléaire sur laquelle repose notre indépendance militaire fut longtemps qualifiée par les atlantistes de « Bombinette ». C'est pourtant elle qui a donné à notre pays son statut et son influence internationale, notamment en politique étrangère.

Que n'a-t-on entendu aussi sur l'avion Rafale. La France avait eu tort de ne pas participer au programme commun de l'avion de combat européen. Notre solitude allait nous conduire au fiasco. Or, c'est bien l'Eurofighter Typhoon qui est hors circuit. À force de vouloir concilier les différents besoins des États-membres, cet avion ne répond à aucun d'entre eux ! Et le Rafale s'exporte dans le monde entier car il est le meilleur de sa génération. Pourquoi est-il le meilleur ? Parce qu'il y avait un seul donneur d'ordre au programme cohérent.

L'industrie nucléaire civile française, malgré les soubresauts récents d'Areva, est aussi un exemple de succès qui n'est pas tombé du ciel. Il est le fruit d'une vraie stratégie politique et industrielle s'appuyant certes sur des brevets américains, mais exactement comme l'applique désormais Singapour pour d'autres domaines, avec la volonté de nationaliser la production dans la durée.

Personne ne le dit en France, mais nous sommes le seul pays à avoir respecté le protocole de Kyoto grâce à notre électricité nucléaire et hydraulique. Le tout pour un coût non seulement contrôlé, mais le moins cher des combinaisons énergétiques des grands pays industrialisés !

Cet avantage, que nos dirigeants s'évertuent à sacrifier comme toujours sous la pression de nos rivaux, représente une avance décisive pour le nouveau siècle. Si on le voulait vraiment, la France pourrait considérablement réduire la part du pétrole, en vingt ans, en développant des technologies de remplacement, pile à combustible et moteur à hydrogène. Nous pourrions réduire au moins de moitié notre facture énergétique qui reste importante malgré la baisse conjoncturelle du prix du pétrole (autour de 60 milliards par an).

C'est pour cette raison que la perte d'Alstom est tragique. On ne peut profiter de notre acquis énergétique sans notre bras armé industriel.

Je pourrais citer quantité d'autres exemples comme le TGV qui prouve la capacité de notre pays à atteindre les objectifs qu'il se fixe. On peut y ajouter deux programmes de coopération européenne qui ont été portés par la France avec un nombre réduit de partenaires, Airbus et Ariane. Qui aurait imaginé il y a quarante ans que les avions européens feraient jeu égal avec les Américains ? Personne ! Quant à Ariane, on parle d'une politique européenne, mais en réalité la France assure 70 % du programme. On ne connaît pas de projet collectif européen bâti autour d'un autre pays qui aurait accepté, comme nous dans l'aéronautique, de partager son savoir-faire et de permettre à ses voisins de consolider leur industrie ! Les Allemands ont su, avec brio, profiter du programme Airbus sans jamais accepter la réciproque dans aucun autre secteur. Il est d'ailleurs étonnant que les Français aient besoin d'ajouter un label européen sur l'une de leurs réalisations pour croire en sa réussite. Cela prouve à quel point notre pays a des difficultés à avoir confiance en lui. Comme un champion sportif qui, sur la ligne de départ, aurait besoin de porter le maillot du club voisin pour espérer gagner !

Le gâchis de nos atouts est immense, notamment dans le domaine-clé de la recherche. Une recherche française exceptionnelle qui n'est ni dirigée, ni soutenue. Dans une génération, la hiérarchie des nations en dépendra pourtant. Lors d'une visite au centre Ganil (Grand accélérateur national d'ions lourds) de Caen, j'ai rencontré des physiciens du plus haut niveau mondial qui se débattent avec des moyens dérisoires pour faire avancer leurs travaux. Tous les mois, ils ont une offre pour partir aux États-Unis et gagner de cinq à dix fois plus. Ils préfèrent pour la plupart vivre tranquillement dans leur pays, servir leur nation ! Pour combien de temps encore ? Qui leur rend hommage ?

La création du Genopole à Évry illustre de la même façon la force de la recherche française, son désintéressement. En une génération, par la force d'initiative locale et grâce à la générosité du Téléthon, notre pays s'est imposé comme un leader dans les recherches en génétique et en biotechnologies. Mais là aussi faute d'une stratégie globale de l'État et par manque de financements, les États-Unis risquent de s'emparer de nos meilleures découvertes.

Le jour où la France comprendra qu'un grand chercheur ne se paie pas 2 500 euros par mois, la recherche appliquée ne connaîtra plus l'hémorragie d'aujourd'hui. Je veux faire de notre pays le paradis des chercheurs. Nous avons tout pour y réussir mais ne gaspillons pas les cerveaux qui sortent de nos grandes écoles ou des meilleures universités scientifiques. Nous regorgeons de talents et pas seulement dans la recherche, dans les arts de l'animation, le design, la décoration. Seul le cinéma fait l'objet d'un peu d'attention chez nous et c'est tant mieux.

C'est en quittant Caen après cette visite et en repensant aux photographies de cette ville détruite à la Libération (les murs du bistrot où nous avions déjeuné en étaient couverts) que je réfléchissais à cet étonnant paradoxe. Alors que la France n'était qu'un champ de ruines à l'époque, où l'alimentation était rationnée et où tout s'échangeait contre des tickets, nos grands-parents ont cru en leur capacité de redressement. Ils ont compté sur leurs propres forces pour s'en sortir et ils y sont parvenus. Et aujourd'hui, sixième puissance mondiale, nous ne serions pas capables de penser notre avenir et de nous donner les moyens de réussir dans la mondialisation ? Elle n'est pas plus tumultueuse que le chaos de l'après-guerre mais alors les Français et leurs dirigeants avaient envie de reconstruire. Quand on y croit, on peut soulever des montagnes.

Comment a-t-on pu laisser se répandre un tel défaitisme collectif ? N'attendons pas une nouvelle débâcle pour réagir.

Si les Français et la France étaient aussi lessivés que ne l'affirment ceux qui veulent nous placer sous la coupe économique de l'Allemagne et de la Chine et sous la tutelle politique des États-Unis, pourquoi y aurait-il une telle volonté des multinationales d'investir en France et de s'emparer de nos joyaux avec leurs techniciens et leurs brevets ?

Comment expliquer cet intérêt pour nos forces vives convoitées dans le monde entier ?

La France d'aujourd'hui ressemble à un adolescent dépressif qui, pour avoir été dévalorisé par ses parents, ne croit plus en lui, se cabre, provoque et se moque de tout dans une logique suicidaire et malgré un QI de 140 !

Je sais pour avoir parcouru de long en large notre pays combien notre peuple recèle de trésors à condition de le comprendre et de le respecter. En un mot, d'aimer ce que nous avons en partage.

Pourquoi avoir attendu de pleurer les victimes des massacres de Paris pour soudain oser porter à nos fenêtres le drapeau tricolore ? Au Danemark, c'est toute l'année. Aux États-Unis, également.

Il a fallu subir l'horreur de la violence lâche et barbare pour redécouvrir nos valeurs communes et tout simplement le bonheur de vivre dans un pays libre et tolérant où les femmes ont le droit d'être elles-mêmes, les hommes de vivre en couple, les vieilles dames d'être indignes, les petites filles de faire des prodiges au piano ou à la guitare.

Si nos compatriotes pouvaient aussi prendre conscience de notre force collective qui repose, si tant est qu'on s'en serve à bon escient sur de réels atouts, leur vision du futur ne serait plus la même. Notre destin s'en trouverait immédiatement changé !

Notre démographie est notre premier atout. En 2050, c'est-à-dire demain à l'échelle de l'histoire, la France sera la nation la plus peuplée d'Europe. Notre pays est le seul avec l'Irlande à renouveler ses générations. Sa jeunesse est une force, à condition de mener une politique économique et sociale qui la valorise, lui donne un avenir. À condition aussi que tous les enfants nés en France communient dans les valeurs de notre pays. Or, en alignant notre économie sur celle d'une Allemagne en plein suicide démographique, on place toute une génération dans une impasse.

Contrairement aux idées reçues, il n'y a pas que la jeunesse des banlieues qui galère. Celle des zones rurales éloignées est encore plus exclue de tout et souffre en silence. À l'inverse d'une idée fausse répandue par ceux qui font preuve d'une vision misérabiliste, la très large majorité des enfants issus de l'immigration ont soif de réussite et parviennent à étancher cette soif plus souvent qu'on ne le croit. Élu de banlieue, je suis bien placé pour avoir connu beaucoup de jeunes d'origine modeste qui ont progressé et quitté les quartiers dits difficiles.

Pourquoi ne parle-t-on jamais de ces infirmiers, chefs d'entreprise, médecins, avocats, policiers, militaires, qui font la France ? Pourquoi se complaire comme l'avait fait Manuel Valls avec ce mot scandaleux d'« apartheid » qui participe encore une fois de cette autoflagellation injuste, pour ne pas dire calomnieuse ?

Un jour, un jeune de Seine-Saint-Denis m'a dit avec émotion : « Nous n'avons pas besoin de charité. Mettez juste en prison les petits voyous qui nous déconsidèrent car nous avons la même gueule et je ne peux pas changer la mienne ! Vous verrez, on ne nous regardera plus de travers ! » Je lui ai répondu : « Je suis entièrement d'accord. Vous pouvez le dire ; mais imaginez un instant que je tienne de pareils propos chez Ruquier à la télévision. »

Pourquoi tant de jeunes de nos banlieues vont-ils travailler à Londres ? Pourquoi se sentent-ils mieux là-bas, dans une société pourtant plus dure que la nôtre ? Tout simplement car elle est à la fois plus exigeante et plus mobile.

Osons arrêter cet assistanat paternaliste et condescendant qui inspire ce qu'on appelle « la politique de la ville ». Une politique qui enferme beaucoup de jeunes dans leur quartier et leur milieu d'origine au lieu de les aider à en sortir. Une culture de l'excuse s'est répandue, qui conforte les mauvaises têtes et dévalorise les bons éléments. Une grande partie de la jeunesse dite à tort « des cités » est prête à l'effort, elle attend sa chance et voudrait surtout devenir une jeunesse comme les autres ! Mais pour répondre à son souhait, il faut que l'État redevienne l'État, consente à séparer le bon grain de l'ivraie, limite au maximum l'immigration pour digérer le retard d'assimilation, relance la croissance économique pour offrir un espoir et donner une dignité à chacun.

Il est tellement évident que, lorsqu'on a la chance d'avoir la démographie la plus dynamique d'Europe et le risque d'une jeunesse en trouble d'identité, on doit tout faire pour changer de cap économique. Mettons fin à cette politique malthusienne alignée sur des pays sans avenir ni descendance.

Cela ne suffira pas si nous laissons les communautarismes tisser leur toile, fracturer notre société, et remettre en cause nos valeurs. Quand un ministre de la République, Mme Vallaud-Belkacem, reste muette sur un plateau de télévision face à un islamiste qui se vante de ne pas serrer la main des femmes et qui refuse de condamner l'État islamique, on ne peut que s'inquiéter. À force de céder à des extrémistes qui préfèrent leur religion à la République, on prend le risque d'une « libanisation » de notre pays.

Il y a déjà près de vingt ans, j'avais organisé au RPR une table ronde sur la place des religions (et donc le culte musulman) dans notre pays. Interdiction du financement étranger pour les mosquées, obligation de prêcher en français pour les imams, expulsion de ceux qui refusent l'égalité entre les femmes et les hommes, formation des imams en France, nous avions déjà tout dit, tout écrit. En vain. On a laissé se creuser le fossé entre une partie des français musulmans et la nation tout entière. Il y a urgence aujourd'hui à corriger le tir, sinon notre vitalité démographique cessera d'être un atout pour devenir une bombe. Nous devons absolument isoler les gens qui compromettent leur communauté aux yeux du reste de la population, et juguler impitoyablement les phénomènes d'intimidation mafieuse du genre « Je sais où tu habites ». Il faut que le commissariat du coin sache où vivent ceux qui profèrent ce genre de menace afin que le corps social ne craigne plus de vivre selon nos valeurs et cesse d'adopter les leurs par crainte de représailles. C'est pourquoi aussi la République doit être intransigeante sur le respect de la neutralité religieuse. L'interdiction du voile à l'école et, je l'espère, bientôt à l'université, est le moyen le plus efficace d'aider les Français de confession musulmane à résister à la pression sociale des intégristes.

Le deuxième atout de la France est souvent méconnu : son épargne. Une des plus élevées au monde ! (Autour de 16 % du revenu disponible.) Nos compatriotes sont particulièrement économes et prévoyants contrairement aux Américains, Britanniques ou Espagnols, qui s'exposent à de redoutables crises de dette privée. Si l'on additionne les chiffres de l'endettement public et privé, on relativise les discours alarmistes sur notre dette. Malheureusement, il n'y a pas encore de quoi se réjouir car la dette publique, loin de servir à investir, absorbe les déficits de fonctionnement excessifs. Quant à notre épargne, elle est trop orientée vers l'assurance-vie et le financement de la dette publique au lieu d'être investie dans nos entreprises. Notre économie productive se meurt d'un manque de moyens d'investissement et de trésorerie. Nos entrepreneurs sont dans la main des banques qui, plutôt que de soutenir notre industrie, jouent l'argent des Français à l'étranger sur les marchés financiers. Une épargne productive organisée pourrait rapidement concurrencer les fonds de pension anglo-saxons ou asiatiques, qui sont une force de frappe financière terrible contre la France.

Mais comme pour notre démographie, notre politique doit valoriser cet atout décisif. Il faudrait pour cela retrouver la maîtrise de notre destin et échapper aux règles de l'Union européenne qui nous interdisent d'orienter notre épargne vers notre industrie nationale. Bon nombre de pays le font encore.

La France bénéficie d'une démographie puissante, d'une épargne élevée mais aussi, ne l'oublions jamais, d'une productivité forte.

Les contraintes excessives imposées à nos entreprises les ont conduites paradoxalement (pour celles qui ont survécu) à développer une capacité de résistance accrue grâce à une productivité parmi les meilleures du monde. La place me manque pour raconter les innombrables visites d'entreprises que j'ai effectuées et qui ont conforté mon analyse.

À chaque fois, j'ai été impressionné par la cohésion des équipes et leur effort collectif pour surmonter des contraintes inouïes. La coupure n'est plus entre le patron et les salariés, ils font bloc, mais entre les actionnaires lointains et les équipes locales qui sont sous pression.

Je me souviens de ces chercheurs de PSA sur le site d'Aulnay qui pleuraient de voir leur entreprise renforcer leur centre de recherche en Chine. Ils ne comprenaient pas pourquoi leur entreprise se laissait piller ainsi leur meilleur brevet par la concurrence. Les chercheurs Chinois passent en effet, comme par hasard, un an dans le centre de recherche chinois de PSA avant d'aller exercer leur talent chez le concurrent.

On ne peut plus laisser se creuser l'immense fossé entre des salariés ou cadres attachés à la production française et des dirigeants mondialisés qui n'ont, eux, plus rien à faire de la France.

Ainsi, lors de ma visite chez Photowatt, l'un des derniers fabricants des panneaux solaires français, j'ai pu constater l'amertume des dirigeants comme des salariés qui vivent au quotidien la concurrence déloyale chinoise (vente de panneaux à un prix largement inférieur au coût de revient en Chine pour éradiquer toute concurrence). Ils ne comprennent pas la politique de gribouille française qui dépense des milliards d'euros pour financer le surcoût de l'achat d'électricité solaire sans être capable de bâtir en amont une filiale industrielle française créatrice d'emplois. Nous ne pouvons plus laisser l'argent de nos consommateurs faire tourner les usines en Chine ! Il en est d'ailleurs de même avec les éoliennes qui défigurent la France, ne servent pas vraiment à la production électrique et engraissent autant les industriels allemands que les investisseurs français qui défiscalisent !

À quoi sert-il d'avoir tant d'atouts pour réussir si tout est fait pour dissuader les producteurs de produire en France ?

Là encore, nous sommes le seul pays au monde où des penseurs de l'économie ont osé imaginer un avenir sans usine. Ce sont en vérité les seuls à l'avoir vraiment appliqué volontairement, c'est-à-dire à avoir fermé des pans entiers de l'industrie nationale sans même essayer de les reconvertir comme l'ont fait les Allemands, les Japonais, les Suisses ou même les Italiens du Nord. Ils n'ont même pas pensé à créer des circuits intelligents de production, comme on devrait le faire en Afrique du Nord pour permettre d'externaliser des productions que le niveau de salaire français rend intenable tout en gardant le reste de la production en France. Plutôt que de délocaliser si loin en Chine, un pacte productif gagnant-gagnant pour les deux côtés de la Méditerranée serait préférable.

Au Trésor, à Bercy, changeons les directeurs car le mépris de l'industrie y est total. Il suffit de regarder le CICE, qui aurait dû être réservé à l'industrie, à l'agriculture/pêche/forêt ou encore les négociations commerciales qui sacrifient toujours nos usines aux assurances et aux banques. Combien de bateaux de pêche français ont-ils servi de monnaie d'échange dans les négociations avec la Norvège et l'Islande ? Combien de chaînes d'assemblage automobiles sacrifiées pour permettre la présence de nos banques en Corée du Sud ?

Le résultat est là, qui n'est plus acceptable : en termes d'économie manufacturée, c'est-à-dire de la valeur ajoutée issue d'une usine en France, on frôle aujourd'hui les 10 %, contre 24 % en 1962.

Il n'est pas normal qu'en visitant une PME en France, on ait l'impression d'assister à une réunion dans un maquis de la résistance. Administration, banque, inspections diverses, concurrence déloyale favorisée par l'État… Tout semble fait pour pilonner l'entreprise et ses dernières positions. S'il n'avait pas la foi en son pays envers et contre tout, tout industriel en France, sous ces incessants tirs de mortier fiscaux et réglementaires, serait déjà installé en Slovaquie.

Cette foi inaltérable, je l'ai rencontrée au salon Made in France qui, chaque année, regroupe des centaines de

« combattants ». Leur parcours, leur imagination, leurs inventions, leur capacité d'adaptation donnent à espérer. Ils prouvent au quotidien, malgré tous les vents contraires, l'extraordinaire capacité de redressement de notre industrie quand elle sera protégée et dynamisée comme en Allemagne ou en Italie.

Cette année, j'y ai rencontré un producteur de détecteurs d'incendie. Il m'explique que nous sommes le seul pays qui, avant d'imposer la présence dans chaque foyer d'un détecteur, n'a pas songé à téléphoner aux industriels du secteur. Pour quoi faire ? Parce que l'État qui s'apprête à créer un marché pareil en quelques mois se doit impérativement, toutes affaires cessantes, d'informer les industriels qui travaillent dans le secteur pour leur prescrire de quintupler leur production. Mais l'État français n'a prévenu personne. Résultat : des millions d'appareils de qualité médiocre ont été importés alors que des produits comme ceux de mon interlocuteur, se vendant déjà bien, auraient pu inonder le marché et offrir des centaines d'emplois en France.

L'exemple des normes est du reste très éclairant. Au lieu d'être, comme dans tous les pays, un instrument au service de l'emploi, les lubies bureaucratiques françaises handicapent nos entreprises.

Ainsi, on épuise depuis trente ans nos PME avec des normes absurdes sur la pente des rampes ou la taille des échelles, qui absorbent une part de leurs investissements qui seraient plus utiles ailleurs.

Ce qui vaut pour les normes s'entend aussi dans d'autres domaines comme, par exemple, la commande publique qui pourrait doper nos entreprises. Dans ma ville, j'ai toujours voulu acheter français, considérant que l'argent du contribuable devait créer des emplois pour les Français. Et je dois avouer que cela relève du parcours du combattant car l'Union des groupements d'achat public (UGAP), organisme public de groupement de commandes des collectivités publiques, ne privilégie en rien les entreprises françaises. L'ancien ministre Arnaud Montebourg avait voulu, à juste titre, renvoyer son directeur qui refusait avec mépris d'obtempérer à ses instructions d'acheter français. La presse (*Le Monde*) s'en était même émue, traitant le ministre avec dédain pour sa nature supposée irascible.

Cette inertie de la nomenklatura ne doit pas nous décourager. Elle passera. Nos forces structurelles demeureront. L'histoire de notre pays nous enseigne l'extraordinaire capacité de redressement de la France lorsqu'un cap est fixé, un projet arrêté, un effort fourni.

Du plus profond du pays surgit soudain une énergie que l'on croyait éteinte. La braise est sous la cendre, il suffit de souffler dessus pour rallumer le feu sacré. Certains, je le sais, souriront. Mais connaissent-ils vraiment notre pays ?

Notre territoire est exceptionnel. Comme un bon vin, il est le produit du travail millénaire de la géologie, de la culture, des générations qui l'ont foulé et entretenu. Si nous sommes la première destination touristique mondiale, c'est bien grâce à lui.

Lorsque j'étais en quête des 500 parrainages nécessaires pour pouvoir me présenter à l'élection présidentielle de 2012, j'ai sillonné en tous sens nos campagnes et nos bourgs de province.

Combien de fois ai-je été, au détour d'une forêt ou d'un champ, émerveillé par une église solitaire, une bâtisse aveugle, un ancien relais de poste, des manufactures à l'abandon, des cours pavées, des hôtels particuliers, des fermes à pigeonnier, des étangs dans la brume. Les paysages de France sont d'une richesse et d'une diversité méconnue. Nos terroirs, nos paysans, notre patrimoine, nos communes forment cet indéfinissable maillage, l'un de nos plus grands atouts pour le siècle qui vient. Un atout touristique, un atout d'équilibre. Un atout de santé publique sur une planète défigurée.

Voilà pourquoi c'est un contresens historique que de vouloir supprimer nos 36 658 communes qui sont à la France ce que sont les cellules au corps humain. De même que les terminaisons nerveuses renseignent le cerveau en permanence, nos municipalités, surtout à l'époque de l'Internet haut débit en campagne, donnent au corps de la nation son équilibre, sa volonté, son énergie, sa direction. Les 500 000 élus quasi bénévoles de France autogèrent notre pays. Le regroupement en de nouvelles structures intercommunales qui coûtent beaucoup plus cher et sont bien moins efficaces est la fausse bonne idée par excellence.

Notre pays n'a pas la même géographie que ses voisins. Notre densité est faible et comme le disait avec bon sens un collègue, maire d'un village de Lozère : « Ce n'est pas en regroupant sur cinquante kilomètres des communes isolées en hiver que vous allez être plus efficaces pour déneiger. » Rien ne peut se faire sans la responsabilisation des habitants et donc de leurs élus de proximité.

Ces derniers devraient être encensés, remerciés, récompensés. Comme d'ailleurs nos fonctionnaires trop souvent raillés.

Pourquoi aussi ne pas compter notre État comme l'un des atouts de notre pays ? Arrêtons de reprocher aux fonctionnaires l'obésité de la sphère publique. Ce n'est pas de leur faute. Nous avons la chance en France de disposer d'une fonction publique honnête et rigoureuse. Contrairement à ce que l'on croit, l'explosion de la dépense publique s'explique par les transferts sociaux et un assistanat excessif. L'appareil d'État a, lui, été essoré, ce qui explique l'explosion de l'insécurité. Mais là aussi, arrêtons de « jeter le bébé avec l'eau du bain ». Reconnaissons les mérites des agents du service public qui assurent le fonctionnement de notre pays pour des salaires souvent inférieurs à ceux du secteur privé et sans aucune reconnaissance.

Il n'y a pas d'action publique efficace possible sans cette armature laborieuse et discrète. La gabegie qui règne dans le secteur de la formation professionnelle prouve que lorsque l'État est absent, les fuites d'argent augmentent. Les trente milliards de crédits sont dispensés n'importe comment via une myriade d'associations livrées à elles-mêmes.

Que serait devenu notre pays sans l'abnégation de fonctionnaires de police, douaniers, greffiers, enseignants en zones difficiles, infirmières de nuit ? Plus que du manque de moyens, ils souffrent du mépris de leurs responsables qui oublient leur mérite et qui leur compliquent trop souvent la tâche.

Bien évidemment, il ne s'agit pas dans mon esprit de fossiliser notre pays. Il faudra bien supprimer un échelon d'administration. L'inutilité des grandes régions va vite se constater, redonnant toute sa pertinence à des regroupements de départements qui restent, quoi qu'on en dise, un précieux échelon à taille humaine.

Il y a urgence à renouer avec une belle politique d'équilibre du territoire. La généralisation de l'Internet haut débit que j'ai déjà déployée dans ma ville (une première en France) bouleverse les habitudes, en rendant possible le télétravail. Couplé à un bon réseau TGV, il peut permettre à de nombreux citoyens d'accéder au rêve de leur vie en s'installant à la campagne. La revitalisation de nos zones rurales, avec la réouverture de nos écoles, n'est plus hors de portée.

Raison de plus pour mettre fin au plus vite au saccage urbanistique de nos entrées et sorties de ville comme encore à la folie des éoliennes qui défigurent nos paysages. À cet égard, il est sidérant de constater que c'est par un amendement des Verts de M. Baupin (qui s'est déjà rendu célèbre en paralysant la circulation automobile à Paris et en augmentant de fait la pollution) que, pour la première fois, a été accordée une dérogation à la loi littoral !

De même, nous ne pouvons pas accepter que ce gouvernement transfère de l'État aux collectivités locales la responsabilité de la protection des monuments historiques. Espérons que le bon sens reviendra et que les petits « Macron » qui pullulent à Bercy et se croient modernes, comprendront qu'un territoire mis en valeur attire plus qu'une sortie de ville *low cost* ! Cela renvoie d'ailleurs au débat que nous devons avoir sur notre agriculture et sur notre alimentation. Dans un monde très exigeant qui aura de plus en plus de mal à nourrir les siens sans les empoisonner, faut-il des succursales de fermes usines américaines bas de gamme, ou des productions de qualité, ultra-diversifiées ? La réponse est dans la question.

Notre force agricole et maritime est dès lors fondamentale. Réussir à créer de la matière mais aussi de l'énergie, à partir de déchets agricoles ou de nouvelles plantes, permettrait à la France de rebâtir une industrie entière tout en sauvant ses agriculteurs. La chimie verte n'est pas un slogan, c'est possiblement la plus grande révolution chimique depuis la découverte du pétrole.

De la même façon, la culture des algues ouvre un nouveau chapitre de la maîtrise du vivant. La France, qui dispose du deuxième domaine maritime mondial par superficie, pourrait être championne dans ce domaine, à la condition là aussi d'anticiper. On peut potentiellement tout fabriquer à partir des algues : des biocarburants, des engrais, de l'alimentation humaine et animale, des matériaux, des médicaments…

Cet atout majeur que constitue notre territoire en métropole comme en outre-mer et l'usage que nous voulons en faire pour la prospérité du pays, s'articulent aussi, à l'évidence, avec l'image de la France dans le monde. À l'ère des « marques » universelles ou les multinationales comme les nouveaux États dépensent des milliards pour se forger une réputation, la France ne s'est jamais souciée de faire fructifier son pactole.

Sa culture est pourtant l'une des rares à être identifiée comme telle partout dans le monde. Par-delà la fierté nationale, c'est une richesse économique fabuleuse. L'image de la France vaut sans doute aussi chère que celle des États-Unis. Un sac à main Chanel vaut son prix parce qu'il est « made in France ».

En gardant la particularité et la valeur de sa qualité de vie, notre pays peut proposer des produits à forte valeur ajoutée dans les domaines du luxe et plus généralement de l'art de vivre mais aussi de l'alimentation, donnant un coup de fouet à nos terroirs. La renommée de la gastronomie est à ce titre un exemple éclatant.

Atout d'autant plus prometteur que la mondialisation évolue et aura de plus en plus besoin d'une France exigeante et libre, les deux allant de pair. À mesure en effet que des continents accèdent à la consommation de masse, la mondialisation que j'appelle « qualitative » va se substituer à la mondialisation « quantitative ». Une fois qu'ils ont accédé aux besoins élémentaires, les milliards de nouveaux consommateurs vont obligatoirement se tourner vers des produits plus élaborés et plus raffinés. Le succès d'une entreprise comme LVMH qui exporte à travers le monde le savoir-faire et le goût français en est une parfaite illustration, à condition toutefois de ne pas passer sous contrôle qatari.

Plutôt que de courir sur la pente fatale du *low cost* où nous ne serons jamais compétitifs, nous devons jouer la qualité et l'image exceptionnelle de la France. La robotisation qui va transformer de fond en comble l'organisation des productions et nous poser d'autres redoutables problèmes, nous offre cependant l'occasion unique de relocaliser et de nous concentrer sur les fabrications haut de gamme dans tous les domaines.

Plutôt que de se plier au nivellement général par le bas, sous la pression du modèle bruxellois, notre pays doit oser cultiver son exception et pas seulement culturelle. Sur le plan agricole en refusant bien sûr le Tafta, sur le plan industriel, sur le plan de la qualité de vie, sur le plan de l'éthique aussi.

Les Américains ont ouvert la voie à une nouvelle étape du « vivant ». Des géants, comme Google, accumulent des ressources financières colossales pour transformer, à des coûts exorbitants, les génomes qui seront réservés aux plus riches. Quand 62 fortunes possèdent autant que la moitié de l'humanité (3,5 milliards d'habitants), il ne fait aucun doute que l'on risque de passer de conditions de vie différentes à une humanité différente. Dans ce monde qui veut tout vendre, tout acheter, la France doit incarner une autre voie pour les peuples, et le proclamer haut et fort. Souvenons-nous des foules qui se déplaçaient à Mexico, Phnom Penh, Québec pour entendre le général de Gaulle qui portait alors un message universel faisant écho à la conscience des hommes. Et aujourd'hui encore, la France existe dans le regard des étrangers, ils s'étonnent juste qu'elle soit devenue muette.

Au-delà de cet art de vivre, notre langue et nos valeurs constituent un autre atout sur lequel nous devrions davantage miser.

Notre langue, qui sera probablement la deuxième ou troisième langue internationale en 2050 mériterait d'être défendue comme une chance au lieu d'être négligée par nos élites. Avec tous les amoureux de la langue française, j'ai combattu pendant des années le funeste traité de Londres qui signait la mort du français scientifique. Jacques Chirac, Alain Juppé et le ministre de la Culture de l'époque, Jean-Jacques Aillagon, avaient résisté. Malheureusement, Nicolas Sarkozy et Valérie Pécresse ont abandonné lamentablement le combat. De même, j'ai assisté un jour à une scène surréaliste en Afrique, lors d'un déjeuner organisé par Air France réunissant plusieurs ministres de différents États. Le PDG de la compagnie aérienne, Pierre-Henri Gourgeon, débute son discours en anglais. Il a fallu la protestation bruyante d'une ministre de Guinée pour qu'il reprenne son propos en français. J'avais honte. Quand les Français décideront-ils de défendre leur langue ? Comment souhaiter son apprentissage de par le monde quand on renonce soi-même à la pratiquer ! Il ne s'agit pas seulement d'un attachement sentimental mais d'un atout économique. L'Afrique va doubler sa population au cours de la prochaine génération.

Tout l'enjeu est donc de réussir un vrai plan Marshall en faveur de ce continent dont notre avenir dépend, pour relancer une influence juste et progressiste que nous avons laissé dépérir.

Liberté, Égalité, Fraternité finissent même en France, par avoir une saveur abstraite tant ce qui passerait pour exceptionnellement précieux ailleurs est chez nous devenu routinier et désincarné. Quelles sont les nations où l'on soigne gratuitement les plus pauvres avec la même exigence que pour les plus riches ? Quels sont les pays où la laïcité, l'égalité des droits entre les femmes et les hommes, le respect des mœurs que chacun s'est choisi, sont autant de libertés fondamentales ? La France, on l'a noté, lorsque tous les monuments du monde se sont drapés de bleu blanc rouge, après le 13 novembre, symbolise les progrès de la civilisation.

Encore faudrait-il ne pas les laisser bafouer sur notre propre sol ! Comme Marc Bloch l'a si bien décrit dans son livre expliquant la défaite morale de notre pays face à l'hitlérisme, une nouvelle « étrange défaite » nous guette ! Lorsqu'Alain Finkielkraut est insulté par une enseignante sur un plateau de télévision : « Taisez-vous pour le bien de la France », on réalise l'audace des nouveaux fascistes – après tout, la première définition de fasciste est celle de celui qui interdit la liberté d'expression à autrui –, pour lesquels l'adversaire, tout académicien et tout courtois qu'il soit, est un ennemi à museler. À nous de réagir !

Une démographie dynamique, une productivité record, un État honnête et dévoué, une excellence scientifique parmi les meilleures au monde, des terroirs enviés, un outil militaire et diplomatique excellent… Et la France ne pourrait plus peser, exister par elle-même sans prendre ses ordres à Washington, Bruxelles, Berlin, Pékin ou Riyad ?

Arrêtons de nous renier, d'avoir honte de nous-mêmes.

Soyons l'avant-garde du monde plutôt que son esclave. Inventons le pays modèle, osons protéger jalousement la marque France, soyons fiers de notre exception.

TROISIÈME PARTIE

« L'HISTOIRE S'ÉCRIT DEBOUT »

Philippe Séguin

À chaque élection présidentielle, les candidats rivalisent pour publier le plus complet et le plus dense des programmes. C'est le concours Lépine du meilleur catalogue de mesures couvrant tout le champ de l'action publique.

Chaque corps de métier, chaque clientèle doit recevoir son lot de promesses catégorielles. En 2012, je me suis présenté à l'élection présidentielle pour faire comprendre aux Français que seule une France qui aurait retrouvé sa liberté pourrait régler ses problèmes. C'est le préalable. Mon slogan de campagne « La France libre » n'a pas été compris tant mes concurrents ont multiplié les annonces auprès des différents publics. J'ai d'ailleurs, moi aussi, fini par céder en partie à cette tentation de plaire aux uns et aux autres.

On n'imagine pas, avant d'être candidat, ce que peut représenter une campagne présidentielle. Tout ce que la France recèle de groupes de pression, d'associations, nous interpellent soudain pour exiger des réponses précises sur des dizaines de microsujets. Le candidat à la présidentielle devient un apprenti magicien, censé guérir par anticipation tous les maux de la société.

Certes, il est normal que les Français cherchent à connaître la vision des candidats dans chacun des grands domaines de l'action publique. Pour autant, la dérive corporatiste est dangereuse. En multipliant les promesses en tous genres, à la fois incohérentes entre elles et inapplicables, ils oublient l'essentiel : le cap pour le pays ; les objectifs et les moyens pour l'atteindre ; la démarche pour rassembler les énergies.

La présidentielle devient de fait un concours de « Père Noël » qui infantilisent les Français et rendent cyniques leurs dirigeants.

Je me souviens qu'à chaque débat public, à l'invitation de différents groupes d'intérêt, je commençais mon propos par une défense de l'indépendance de la France dans ses choix fondamentaux, politiques et économiques. Comment vous promettre ceci ou cela si la décision appartient à un obscur technocrate bruxellois ou à un financier installé à New York, à Londres ou au Qatar ?

Souvent, j'avais le sentiment de gâcher la fête par mes déclarations. Le président (en France, chacun est président de quelque chose) de l'association en cause, qui se valorisait à sa façon en tenant sous sa main, le temps de la campagne, les apprentis présidents, me rappelait vite à l'ordre : « Oui, Monsieur Dupont-Aignan, mais revenons à l'essentiel. Allez-vous signer ici la liste de nos revendications ? Vous engagez-vous une fois pour toute ? » Sous-entendu : sinon gare à vous ! Ce rituel répété chaque jour pendant des mois était vain tant il s'apparentait à un jeu de rôles.

Et la France dans tout cela ? Ce n'est pas l'addition de mesures catégorielles si nécessaires soient-elles qui remettra le pays debout.

L'enjeu d'une présidentielle n'est pas de remplacer par je-ne-sais quel miracle le fonctionnement normal des pouvoirs publics, qui relève du gouvernement et du Parlement, en relation, eux, avec les multiples corporations du pays.

L'enjeu est tout autre. Choisir le guide, le « coach » si l'on veut paraître plus branché, qui incarnera la France, la relèvera, lui indiquera le chemin par un dialogue quasi charnel avec les Français.

Un dialogue où les questions essentielles doivent obtenir de vraies réponses. Qu'est-ce qui nous rassemble vraiment ? Dans quel pays voulons-nous vivre ? Comment faire face aux défis du monde qui nous entoure ? Comment garantir notre liberté et notre prospérité ? Par quels moyens valoriser nos atouts et gommer nos handicaps ? Quelles sont les priorités fondamentales et les étapes du redressement ?

C'est ainsi que l'on renouera le lien de confiance perdu depuis si longtemps entre les élus et les citoyens, et sans lequel rien n'est possible.

Je suis candidat à la présidence de la République pour remettre la France debout. Fidèle à son histoire et à ses valeurs, je veux que notre pays retrouve sa liberté et se rassemble, seul moyen de garantir la prospérité des Français et de parler à nouveau d'une voix forte au monde.

Contrairement à ce que l'on veut nous faire croire, la France n'est pas une nation comme les autres. Elle peut se relever et redevenir un exemple.

Si je devais prendre l'image d'un être humain, notre pays peut s'en sortir à trois conditions.

Réveiller sa conscience, c'est-à-dire, retrouver la volonté de vouloir.

Réparer sa colonne vertébrale sans laquelle il ne peut se mettre debout à nouveau.

Muscler ses membres pour avoir l'énergie de gagner la course.

9

Réveiller les consciences

Comme j'ai pu le décrire dans la première partie de ce livre, une oligarchie, la caste des intouchables, a lentement, mais impitoyablement fait au fil du temps main basse sur la France. Utilisant la mondialisation et la construction européenne comme le cheval de Troie de ses intérêts, elle manipule le peuple qui commence progressivement à s'en apercevoir.

Notre démocratie a perdu sa sève, elle est devenue creuse comme un arbre qui menace de rompre au moindre coup de vent. Qui sait, par exemple, que la plupart des députés ont aux dernières élections législatives recueilli au premier tour les voix de moins de 15 % des inscrits de leur circonscription ? Qui sait que le parti unique qui concentre tous les pouvoirs (que l'Union européenne veut bien lui laisser) n'est soutenu réellement au deuxième tour que par un petit quart des Français (c'est ainsi que l'a emporté la majorité socialiste au second tour des élections législatives de 2012) ? Qui a noté que François Hollande, compte tenu du nombre des bulletins blancs ou nuls, est le premier président de la République à ne pas avoir recueilli la majorité des voix (un peu plus de 18 millions sur un total supérieur à 37 millions de suffrages exprimés). Et je n'évoque même pas la tyrannie des sondages réalisés sur la foi de 800 personnes interrogées (avec des marges d'erreur considérables) qui donnent à la veille de chaque élection une tendance permettant d'orienter les esprits…

Une démocratie enkystée ne confère plus à nos institutions la légitimité indispensable à l'efficacité des décisions prises. À la première bourrasque (un nouvel attentat, une submersion migratoire, une brutale crise financière), tout peut arriver : finir dans la rue avec des violences.

L'appel au peuple est donc la seule alternative aujourd'hui. Seule la consultation des Français avait dénoué la terrible crise algérienne et permis d'éviter la guerre civile.

Aucun nouveau mandat présidentiel ne pourra réussir et être utile au pays sans une véritable révolution démocratique.

Il nous faut oser une nouvelle République. Elle devra concilier l'esprit de la Ve (référendum, élection du Président au suffrage universel, refus de la supranationalité européenne), esprit complètement perverti depuis lors, et les innovations nécessaires pour oxygéner nos institutions (vote obligatoire, réduction du nombre de parlementaires, introduction d'une dose de proportionnelle, fusion du Sénat et du Conseil économique, social et environnemental).

« Ce ne sont pas ceux qui ont créé les problèmes qui pourront les résoudre », avait dit Albert Einstein. Voilà pourquoi rien ne changera en France sans un grand ménage politique.

Réhabilitons tout d'abord le référendum. Pas seulement le référendum classique décidé par le Président, mais aussi celui à l'initiative du peuple au niveau national comme au niveau local. Cela veut dire concrètement aller beaucoup plus loin que la dernière réforme totalement hypocrite qui a prévu comme condition la production d'une proposition de loi soutenue par 20 % des parlementaires et 10 % des électeurs inscrits – soit environ 4,5 millions de citoyens. Je propose d'abaisser le seuil à 5 % d'électeurs avec, pour seul visa, celui du Conseil constitutionnel.

Pour débloquer la société française, j'organiserai la première année de mon quinquennat cinq référendums-clés.

Le premier sur la réforme institutionnelle (réduction du nombre des parlementaires, référendum d'initiative populaire, vote obligatoire et dose de proportionnelle).

Le deuxième sur le rétablissement des frontières nationales et la mise en place d'une nouvelle politique d'immigration.

Le troisième sur une nouvelle politique pénale juste, mais ferme, assortie de la construction des places de prison qui manquent.

Le quatrième sur la réforme éducative, notamment avec le rétablissement des savoirs fondamentaux, la bonne méthode d'apprentissage du français et la révision des programmes.

Enfin, les Français devront être consultés sur la renégociation des traités européens pour mettre fin à l'Union européenne et rebâtir une belle Europe des nations et des projets.

À ceux qui ne manqueront pas de crier au populisme craignant que leurs privilèges ne soient balayés, je citerai le discours du 21 mai 1850 à l'Assemblée nationale de Victor Hugo, qui n'a pas pris une ride : « Le suffrage universel dit à tous, et je ne connais pas de plus admirable formule de la paix publique : Soyez tranquilles, vous êtes souverains[1]. »

En vérité, les clientèles, les corporatismes, les gros intérêts ne pourront pas s'opposer au verdict du peuple et le pays pourra vite se redresser, évitant ainsi les sables mouvants qui ont englouti depuis vingt ans toutes les velléités de changement.

Mais les référendums ne pourront pas tout. Il serait absurde de les multiplier à l'infini sans laisser aussi jouer leur rôle aux institutions représentatives. Institutions qu'il faudra oxygéner, revivifier, par de multiples réformes.

Tout d'abord, rendons obligatoire le vote. Toute personne qui refuserait de voter, et c'est son droit, serait privée du bénéfice complet de la sécurité sociale. On nc peut pas, d'un côté, profiter d'un grand système de solidarité et, de l'autre, prétendre que l'on n'est pas concerné par la chose publique. Ce vote obligatoire rebattra les cartes

1. Discours de Victor Hugo à l'Assemblée nationale, 21mai 1850. Voir : <http://www2.assemblee-nationale.fr/decouvrir-l-assemblee/histoire/grands-moments-d-eloquence/victor-hugo-le-suffrage-universel-21-mai-1850>

du jeu politique en incluant enfin les millions d'électeurs qui s'abstiennent.

Souvent, lors de rencontres, des concitoyens affirment avec force leur fierté de boycotter les urnes, assortie d'un sonore « bien fait pour eux ». Je m'évertue à leur expliquer que c'est exactement l'inverse qui se produit. Leur désertion, car c'est bien de cela qu'il s'agit, comble de bonheur les sortants du système puisqu'elle les laisse en tête à tête avec leur clientèle électorale habituelle. L'abstention est l'assurance-vie des partis traditionnels fatigués et corrompus ! Seule une très forte participation peut réinsuffler du sang neuf dans le jeu politique, notamment celui des classes populaires qui sont les premières victimes de la politique mondialiste d'abandon de ceux qui nous gouvernent depuis trente ans.

En introduisant la comptabilisation complète du vote blanc, on permettra de surcroît à ceux qui ne trouvent pas l'offre politique de leur choix, d'exprimer quand même leur ras-le-bol.

À cette instauration du vote obligatoire, je propose d'adjoindre l'introduction d'une dose de proportionnelle à l'Assemblée nationale (10 % des sièges). Une Assemblée réduite à 400 députés et un Sénat à 200 sénateurs travaillerait mieux. La baisse d'un bon tiers du nombre de parlementaires permettrait d'offrir enfin à nos députés et sénateurs les moyens d'expertise indispensables à l'exercice de leur mission de contrôle du pouvoir exécutif. Notre parlement est, en effet, privé en ce moment des outils qui permettraient de mettre sous tension les services de l'État ou de la Commission européenne.

Il faut connaître les moyens des membres du Congrès américain pour comprendre la force des contre-pouvoirs aux États-Unis. Les commissions d'enquête ne sont pas d'aimables plaisanteries comme chez nous.

Je propose la mise en œuvre d'un statut de l'élu pour permettre à davantage de personnes issues du secteur privé de se lancer en politique. Plutôt que d'empêcher les fonctionnaires de reprendre leur activité à la fin de leur mandat (demande-t-on à un médecin de renoncer toute sa vie à exercer son métier ?), il est bien préférable d'assurer une sécurité aux élus remerciés en leur garantissant d'être repris par leurs précédents employeurs. Enfin, il va de soi que les élus condamnés pour des faits graves devraient être inéligibles.

Par ailleurs, il faudra bien mettre fin, comme l'ont fait les démocraties adultes, à la propriété des médias par des groupes qui dépendent de la commande publique ou qui jouent un rôle-clé dans la vie du pays. Face au changement de l'économie de la presse, il est vital, pour garantir une démocratie pluraliste, d'inventer un statut de fondation qui protège les rédactions des interférences extérieures, notamment en provenance des milieux financiers.

J'ai conservé quelques SMS édifiants révélant les pressions sur certaines rédactions pour les empêcher de m'interviewer. Je ne veux pas les publier pour ne pas briser la carrière des journalistes honnêtes qui ont eu la franchise de m'alerter. Alors que je me plaignais du traitement qui m'était réservé, un grand patron de média, pour se justifier, a quand même osé me traiter, au téléphone, de « dissident » !

Enfin, il faudra continuer de se battre pour faire respecter le principe fondamental de l'égalité de temps de parole entre les candidats, notamment à l'élection présidentielle. Le général de Gaulle a voulu placer cette élection au cœur de la vie politique française pour la soustraire à la mainmise des partis politiques. Voilà pourquoi, au jour de la proclamation des candidats par le Conseil constitutionnel (cinq semaines avant le permier tour), une fois les 500 parrainages obtenus, chacun d'entre eux doit pouvoir bénéficier exactement du même temps d'antenne ; qu'il soit président sortant ou totalement inconnu. Les partis n'ont jamais accepté cette règle qui permettrait de rebattre les cartes. Sans même parler des faiseurs d'opinion qui n'ont pas non plus supporté de devoir inviter des personnalités nouvelles, qui pensent différemment.

À la différence des États-Unis et du Royaume-Uni, où de très nombreux débats sont organisés, mettant sur la même ligne de départ des personnalités aux notoriétés diverses, les grands médias ont fait de la résistance passive en réduisant le nombre d'émissions politiques, se retranchant derrière les règles prétendument trop complexes du CSA. Qu'il me soit permis d'insister un peu sur cette question qui me concerne certes, mais surtout qui fait que nos compatriotes sont considérés comme des enfants incapables de faire eux-mêmes leur choix !

En vérité, les médias s'ingénient à transformer l'élection présidentielle en une élection comme les autres, où l'on subit des inégalités de traitement scandaleuses, puisque jusqu'à maintenant, le principe n'en est pas l'égalité mais l'équité. Pour être concret, les recommandations du CSA prévoient un mode d'emploi destiné aux rédactions très élastique, pour ne pas dire à la tête du client : il leur est permis de prendre en compte les sondages, la représentativité au Parlement et le nombre d'événements de campagne. En voici deux exemples.

À la dernière élection régionale, une rédaction locale de FR3 répondit à l'un de nos candidats, tête de liste : « Nous ne pouvons pas vous inviter, car vous n'avez pas eu d'élus au Conseil régional il y a cinq ans ! » Dans une autre région, l'invitation a été décommandée après la publication d'un sondage bien curieux, portant sur 400 personnes, qui donnait notre liste à 0 % des intentions de vote. Une semaine plus tard, cette même liste recueillait près de 6 % des suffrages. Mais le crime était consommé, car si le sondage avait été honnête et l'invitation à l'antenne maintenue, il ne fait pas de doute que notre liste aurait franchi la barre des 10 % et aurait obtenu des élus.

On le voit donc bien, le choix de l'équité, et non de l'égalité, n'est pas anodin, ni innocent. Dans un cas, le paysage politique est congelé, dans l'autre, il peut permettre le début d'une expression nouvelle.

Voilà pourquoi, comme par hasard, au lendemain du tremblement de terre politique des élections régionales de 2015, la seule réponse de la majorité socialiste a été de présenter au Parlement un projet de loi dit de modernisation du scrutin présidentiel qui visait, bien sûr, à remplacer l'égalité par l'équité !

Durant les cinq semaines qui séparent la publication par le Conseil constitutionnel des noms des candidats du premier tour, les trois premières semaines sont cruciales pour se faire connaître des Français, car c'est là que l'opinion se forge, et il faudrait que ce temps de parole passe du régime de l'égalité à celui de l'équité ! Et il serait de fait interdit aux candidats dits petits, c'est-à-dire aux nouveaux, aux indépendants, et, pourquoi ne pas le dire, aux trublions...

Aux représentants des deux principaux partis qui ont épuisé et ruiné la France et à leur miroir, le FN, en un mot au tripartisme qui forme le système, on offre les journaux télévisés. Aux autres, on laisse les miettes, les émissions programmées à 23 heures ou en matinée, les journaux de la nuit. Cette disposition voulue par les socialistes est d'une exceptionnelle gravité car elle abîmera définitivement la dernière élection qui passionne les Français, celle où l'abstention est la plus réduite, celle surtout qui donne à la clef de voûte des institutions du pays sa légitimité.

Et comme toujours, comme il était prévisible, comme on l'a vu cent fois, sur cette mesure essentielle, si injuste, si lourde de conséquences, les médias ne se sont guère étendus. C'était pourtant un véritable vol à l'étalage démocratique, il s'est déroulé sous nos yeux, mais les caméras regardaient ailleurs et les micros ne se sont pas ouverts. Les Français ne se sont pas aperçus que l'élection présidentielle est en train de leur être confisquée par le club de trois larrons qui s'entendent à écarter les autres.

Il faut l'avoir vécu comme moi, lors de la présidentielle de 2012, pour croire au mépris et à l'arrogance de certains éditorialistes, nouveau clergé d'inquisition, envers ceux qu'ils appellent les « petits candidats ». Ils dénaturent le principe démocratique en se montrant prévenants avec les candidats qui pensent bien et désobligeants avec ceux qui tiennent un discours en rupture avec la doxa. Heureusement de nombreux journalistes sauvent l'honneur de la profession et ouvrent leur antenne aux « petits candidats ». Je pense notamment à Jean-Jacques Bourdin, Jean-François Achilli, Francis Letellier, Alain Marschall, Roland Sicard, Laurent Ruquier, Christophe Bordet, Stéphane Paoli, Frédéric Rivière, Daïc Audouit et bien d'autres, qui ne ménagent pas leur invité, et c'est bien normal, mais l'invite à s'exprimer.

Notre pays pourra recommencer à respirer si nous ouvrons à nouveau les fenêtres les plus hautes, celles de la liberté de parole.

La décentralisation, on s'en rend bien compte, loin de rapprocher l'élu du citoyen, a contribué à « féodaliser » la France. Notre pays s'est morcelé en de multiples baronnies. Plus la collectivité est importante, moins les contre-pouvoirs sont efficaces. Comment s'étonner dès lors de l'écœurement des citoyens qui n'ont plus prise sur les décisions qui les concernent et voient leurs impôts exploser ?

La révolution démocratique que je veux mettre en œuvre doit aussi concerner notre vie locale. Elle passe par plusieurs changements majeurs.

Le premier, déjà évoqué au niveau national et que j'ai expérimenté dans ma ville, est l'usage renforcé du référendum. Il permettrait de casser les conflits d'intérêts qui inspirent des projets fous, souvent antiéconomiques. Yerres ayant été ruinée avant mon élection par la construction d'un centre aquatique de loisirs, j'y suis particulièrement sensible.

Dans ce cas précis comme dans beaucoup d'autres, il est faux de faire croire que ces projets n'ont pas connu de forte opposition. Des milliers de Yerrois avaient mis en garde l'ancienne municipalité contre la folie qui consistait à recréer l'Aquaboulevard, identique à celui de Paris, sur un site isolé, sans parking, à vingt kilomètres de la capitale. Une saisine à partir de 5 % du corps électoral, permettant d'imposer un référendum local, aurait permis, dans ce cas précis, de bloquer un projet aussi absurde. Il ne fait en effet pas de doute qu'une très large majorité des habitants aurait dit non.

Les écologistes ont de gros défauts, surtout les Verts qui ont instrumentalisé la cause de la protection de l'environnement, mais ils ont aussi parfois raison dans leur contestation de projets néfastes à l'intérêt général. L'affaire de l'aéroport de Notre-Dame-des-Landes est tout à fait symbolique de notre panne démocratique et de l'utilité d'un référendum. Sans aucun a priori, je me suis rendu à Nantes pour me faire ma propre idée. J'ai compris alors combien ce projet était absurde, antiéconomique et dévastateur pour l'environnement. Jamais cet aéroport éloigné de Nantes et sans liaison ferrée ne captera valablement les flux internationaux. Il s'agit donc d'un déménagement très coûteux de l'aéroport de Nantes qui fera la fortune de l'exploitant futur (Vinci) et des promoteurs qui récupéreront des terrains très proches du centre-ville. L'argent ne serait-il pas mieux employé à transformer la fin du tronçon de la ligne TGV Paris-Nantes en ligne à grande vitesse ?

Dans un cas comme celui-ci, on devrait demander aux élus responsables du projet de signer un engagement selon lequel, si les cinq objectifs clés, garantis, promis aux électeurs, ne sont pas remplis dans le délai prévu, ils ne se représenteront pas à leurs suffrages. Combien signeraient ? Personne. Et pourquoi donc ? Cet aéroport n'est-il pas promis à connaître un trafic exceptionnel, un succès déjà chiffré qui en justifie, nous dit-on, les travaux, les sacrifices, les expropriations ? Personne ne risquerait pourtant sa carrière pour montrer qu'il a confiance dans le destin commercial de cette réalisation « indispensable » !

Voilà une piste à creuser pour l'avenir : si les élus qui jouent les lobbyistes forcenés pour un projet à la rentabilité douteuse étaient responsables de leurs actes sur leurs mandats et leur réputation, combien de chantiers comparables ne seraient-ils même pas mis à l'étude ? Combien de dettes idiotes épargnerait-on à l'État, toujours appelé, en définitive, à éponger le déficit d'exploitation pendant que les sociétés de construction, elles, enrichissent leurs actionnaires ? (Qui parle encore de l'affaire du Carlton de Lille où l'enquête a pu établir qu'un cadre important d'une énorme société de travaux publics fournissait à un élu voué à devenir président de la République de quoi assouvir ses passions horizontales ? Dans quel but ? Par amitié personnelle, nous a-t-on dit, aucun rapport avec leur rôle social en dehors des alcôves !)

Pendant combien de temps les Français vont-ils tolérer cette collusion permanente entre les uns et les autres au détriment du budget de l'État ?

Seul désormais un référendum permettrait de dépassionner le débat dans des questions-clés et d'éviter la violence par exaspération de l'opinion. À mesure que l'argent public devient rare, nos concitoyens ont davantage encore le devoir et le droit d'être associés aux choix fondamentaux, surtout s'ils doivent payer encore et toujours. Si les élus, trop souvent de connivence avec quelques grands groupes, étaient si sûrs d'eux, ils ne devraient pas avoir peur de consulter la population ! Que ce soit en ce qui concerne la liaison Lyon-Turin, à l'utilité douteuse, le projet ahurissant du métro du Grand Paris Express, pour plus de 30 milliards d'euros, ou la future liaison TGV vers Toulouse, à 8 milliards, ne serait-il pas temps de réfléchir à une meilleure allocation des ressources ?

Fin 2015, tout au long de la campagne des élections régionales en Ile-de-France, j'ai perçu à quel point mon opposition totale au projet du supermétro du Grand Paris (qui va coûter trois fois la rénovation complète du réseau RER) dérangeait ici et là. (Pourtant, le dernier rapport de la Cour des comptes me donne raison !) D'un côté, des lobbies extrêmement puissants pour une infrastructure qui servira à 200 000 voyageurs au maximum, de l'autre, 3 millions d'usagers chaque jour traités comme du bétail. Il est tellement plus rentable pour les entreprises et valorisant pour les élus de construire des infrastructures nouvelles que de réparer ce qui existe…

Quand Valérie Pécresse m'a téléphoné au soir du premier tour pour savoir si je la soutiendrais au second, je ne lui ai posé qu'une question : « Es-tu prête à revoir le projet du Grand Paris que tu sais injuste, inefficace et ruineux ? » Au bout du fil, un grand éclat de rire ! Elle pouvait bien s'intéresser, le temps d'une campagne, à la galère des banlieusards mais à la condition, au lendemain du scrutin, de ne surtout pas froisser les intérêts de ses amis du CAC 40 !

La différence entre nous est que je ne laisserai jamais tomber mes concitoyens qui passent quatre heures par jour serrés comme des sardines dans les transports.

Je veux pouvoir continuer à les regarder droit dans les yeux. Leur sort m'importe, leur opinion compte, leurs difficultés et leur lassitude m'émeuvent. Et je respecte l'argent que l'État leur prend parce qu'il reste le leur. Combien de personnages publics se rappellent que l'argent de l'État est celui du peuple ? Pas même le président de la République qui, lors d'une émission, a conseillé à un élu de verser des fonds de soutien à l'apprentissage. Lorsque l'élu a objecté : « Ça coûte cher ! », le Président a répliqué : « Mais non, c'est l'État qui paye ! »

Pour revivifier notre démocratie locale, il faut aussi changer de cap en matière de regroupement des communes. Une chose est de rassembler, pour faire des économies d'échelle entre plusieurs communes autour d'un besoin réel (écoles, piscine, bibliothèque) ; une autre est de créer des intercommunalités XXL qui dépossèdent complètement les élus, et donc leurs électeurs, de leur pouvoir de contrôle tant en matière de dépenses que d'impôts. Quand une communauté de communes regroupe, comme l'a décidé aujourd'hui la loi NOTRe, des dizaines de communes sur des territoires très étendus (trente à quarante kilomètres), le représentant du conseil municipal qui siège dans un conseil communautaire d'une centaine de membres ne pèse plus rien. Il n'ose plus ouvrir la bouche et, s'il l'ouvre, on lui cloue le bec.

Le pouvoir est concentré dans les mains d'un nouveau féodal prisonnier lui-même d'une administration hors-sol. Le filet se resserre sur les maires indépendants qui pensent et agissent différemment. Les subventions servent à fidéliser ou à punir les uns ou les autres, et le parti dominant verrouille le tout. Quant aux oppositions, elles sont totalement marginalisées, car la gestion tend à devenir consensuelle entre la gauche et la droite, un peu comme au Parlement européen où, loin des électeurs, les forces politiques dominantes se partagent les postes et les charges comme des fromages.

Dans l'agglomération que je préside, j'ai mis en place un droit de veto politique pour chaque commune, évitant la marginalisation des petites au profit des grandes. Le résultat est d'ailleurs édifiant. Après douze années d'exercice et avant d'être obligé de fusionner au 1er janvier 2016 avec l'intercommunalité voisine, notre agglomération a la plus faible dépense en frais de personnels par habitant de toute l'Essonne.

Voilà pourquoi il est vital de mettre fin à cette fausse bonne idée du regroupement dans des intercommunalités toujours plus grandes, toujours plus opaques, toujours plus coûteuses, toujours plus politisées.

Les beaux esprits parisiens connaissent-ils la France réelle, celle qui s'étend au-delà du boulevard périphérique ? S'imaginent-ils même la diversité de notre territoire et l'engagement bénévole des élus locaux ?

Je me souviens, un jour de recherche de parrainages, en route vers Charleville-Mézières, m'être arrêté, à la demande d'une maire, dans un petit village des Ardennes. Elle m'expliqua qu'avec cinquante habitants, elle gérait un territoire de plus de 1 000 hectares. Les élus tondent la pelouse de la place du village le soir, fauchent les bordures des routes l'été, livrent à domicile le repas des personnes âgées tout au long de l'année, organisent avec les communes voisines et le département le transport scolaire pour les quelques enfants du bourg. Elle m'expliqua enfin que c'était elle qui, en faisant sécher des fleurs, composait la gerbe du 11-Novembre qu'elle déposait au pied du monument aux morts ! En me raccompagnant sur le perron de la petite mairie, elle me confia un message : « Dites-leur à Paris que lorsqu'ils auront fermé toutes les petites communes, cela leur coûtera beaucoup plus cher de payer des fonctionnaires pour faire tout cela à notre place. La France est vaste, Monsieur le Député ».

J'ai compris ce jour-là qu'il était absurde de déresponsabiliser ces centaines de milliers d'élus locaux qui aiment leur village, leur terroir et leur pays, et les font vivre au jour le jour.

Enfin, pour oxygéner notre démocratie, notamment dans les villes, il y a urgence à renforcer les droits de l'opposition. Il y a besoin de davantage de transparence, de formation et de moyens minimum d'expression pour permettre aux élus de contrôler les administrations qui dirigent de fait bon nombre de collectivités.

Et pour faciliter la tâche des élus dans leur ensemble, qu'ils soient de la majorité ou de l'opposition, cessons de complexifier les règles de gestion des communes. Dans *Les Femmes savantes*, Molière décrit comment embrouiller ce qui est simple, voilà la recette éternelle. Aujourd'hui, une poignée de parlementaires, de hauts fonctionnaires et d'experts en collectivités locales prennent un malin plaisir à rendre illisibles et incompréhensibles les lois et règlements que doivent ensuite appliquer les 36 658 maires de France !

Pour que notre pays soit une vraie démocratie, il y a urgence à redonner la parole au peuple. Mais comment rendre le pouvoir aux Français sans rétablir la souveraineté de la France en Europe ? C'est-à-dire le droit du peuple français à disposer de lui-même. À quoi servirait une nouvelle démocratie en France si nos compatriotes n'ont leur mot à dire que sur ce qu'ils voient, c'est-à-dire ce qu'on leur montre ? Et comme on ne leur montre presque rien, où est la justice, où est le droit, où est la République ?

L'Union européenne, outre son problème d'efficacité, est avant tout une imposture démocratique. Les leviers du pouvoir, comme je l'ai détaillé précédemment, ont été abandonnés au profit d'institutions non élues : la Commission, la Banque centrale européenne et la Cour européenne de Justice. Comme toujours à travers l'histoire, des pouvoirs sans contre-pouvoir ont tendance à abuser et à commettre des fautes.

Le système irresponsable et donc illégitime mis en œuvre au fil des traités s'est engagé dans une fuite en avant suicidaire. Plus il est conscient de son rejet par les citoyens et les peuples, plus il est conscient de son échec par manque de dialogue, plus il va vouloir forcer le destin et tenter de s'imposer contre tous, au point de déchaîner la colère.

C'est ce qui se passe sous nos yeux avec le système Schengen, piloté par une Commission européenne, qui, comme le régime soviétique pendant son agonie, tourne à vide. La réalité, boomerang inexorable, rend extravagante la fiction des boniments initiaux. Chaque pays est bien obligé, pour éviter le chaos migratoire, de contrôler ses frontières. Il aura donc fallu vingt ans pour s'apercevoir que ce système européen n'a jamais fonctionné, tout simplement parce qu'il ne le pouvait pas. Les pays membres en charge de la frontière européenne n'ont ni la volonté, ni les moyens de maîtriser les flux migratoires grossissants, sachant pertinemment que les étrangers ne font que passer chez eux, en transit vers les pays les plus riches au cœur du continent. Il est tout aussi évident que le système, conçu pour permettre la liberté de circulation, ne permet pas une gestion des flux à l'intérieur, rendant caduc par avance toute tentative de répartition des migrants entre les pays.

Un autre vice structurel emportera l'euro ! Quand certains pays n'en pourront plus de verser à fonds perdus des dizaines de milliards pour porter des économies, comme celle de la Grèce, qui, elles-mêmes, ne peuvent plus supporter la valeur trop élevée pour leur compétitivité de la monnaie qu'ils se sont imposée, tout le système s'effondrera.

Je vois d'ici le sourire goguenard de l'expert économique qui répond à l'exigence de ses maîtres :

– Et vous avez une solution, vous, peut-être ?

– Oui, l'euro flexible, réclamé depuis le début par tous les économistes sérieux, et que je propose depuis des années. L'euro flexible, c'est une veste d'un même modèle, mais d'une taille adaptée à chaque pays membre. Une veste qui « va » à chacun.

Dans les dix ans qui viennent, le système de l'Union européenne, qui a défiguré la belle idée européenne, aura disparu. Désormais, la seule question qui se pose est la suivante : voulons-nous subir une succession de crises chaotiques ou souhaitons-nous maintenir une harmonie européenne, avec des accords de coopération intelligents entre nations adultes ?

En un mot, voulons-nous la politique de l'autruche ou une reconstruction efficace, cette fois-ci, de l'Europe ?

Chacun peut relire les livres que j'ai écrits sur le sujet. Depuis le premier, pour le congrès de l'UMP en 2002 (*Osons la France*), je n'ai jamais changé d'avis. La seule Europe qui puisse fonctionner et permettre aux nations qui la composent de peser dans le monde d'aujourd'hui et de demain, c'est l'Europe des démocraties et des projets à la carte.

Voilà pourquoi je propose la dénonciation des traités vermoulus de l'Union européenne et la réécriture d'un traité de coopération simple avec des cercles de coopérations libres. Au lendemain du référendum de 2005, nous avions publié avec plusieurs partis européens un traité alternatif, rédigé dans cet esprit, toujours d'actualité. Il ne s'agit pas d'un retour en arrière mais au contraire d'un nouveau départ. Une étape utile à l'Europe dont avaient rêvé nos parents. Ce n'est pas l'annonce d'un conflit entre la France et les autres pays, mais l'aspiration commune des peuples d'Europe à se débarrasser d'une structure bureaucratique qui a trahi l'idéal de départ. Depuis des années, je travaille avec des Danois, des Belges, des Anglais, des Finlandais, des Irlandais, des Grecs, des Italiens et des Allemands. Debout la France entretient des relations avec des partis « frères » sur tout le continent, et ce n'est pas un hasard. Pourtant, il existe la même révolte contre un système fou qui ne sait plus se corriger. Des personnalités aussi différentes que Nigel Farage de UKIP, Pános Kamménos des Grecs indépendants, aujourd'hui ministre de la Défense, Beppe Grillo, du Mouvement 5 étoiles, Jens-Peter Bonde, du Folkebevægelsen mod EU (Mouvement populaire contre l'Union européenne), Mischaël Modrikamen, du Parti populaire, n'ont rien à voir avec les caricatures dont ils font l'objet dans les journaux. J'ai appris à les connaître, ils sont passionnément démocrates, ils aiment leur pays et veulent tout simplement une Europe des coopérations concrètes. Cette nouvelle génération politique est une chance pour notre continent.

Le marché unique oui, à la condition d'obtenir une harmonisation fiscale et sociale à l'intérieur d'un « serpent » du même nom. Par exemple, le taux d'impôt sur les sociétés serait compris entre 20 et 30 %. Les charges sociales seraient payées dans le pays où le salarié travaille, mais les taux devraient aussi être rapprochés.

Seuls les pays proches, qui auraient accepté cette règle du jeu commune, pourraient accéder sans droit de douane au marché unique. Puis, par cercles concentriques, les obligations et les droits qui doivent s'équilibrer diminueraient. Les États-nations démocratiques retrouveraient par ailleurs tous les leviers de leur liberté : la loi, le budget, la frontière...

Pour la monnaie, un cercle restreint, à 5, 6, 8 ou 9 pays, pourrait partager un euro flexible et réajustable à intervalles réguliers, selon les performances de chaque pays (un peu comme naguère le serpent monétaire européen).

Car l'euro « taille unique » constitue un aspirateur à richesse en faveur de l'Allemagne. Si l'on veut une politique de redressement national, nous devons mettre fin à ce lien d'esclavage entre nos deux pays. En revanche, cessons de faire peur aux Français en leur faisant croire à tort qu'il n'y aurait pas de plan B : un euro-franc, coordonné avec nos voisins mais à sa juste valeur, concilierait les avantages de la stabilité et de la flexibilité.

Dans ces conditions, la Banque de France retrouverait sa capacité à faire des avances remboursables à l'État, ce qui supprimerait les charges d'intérêts et mettrait fin à l'escroquerie des banques privées. La dépense d'intérêts se réduirait ainsi chaque année, permettant à la fin du quinquennat une économie de près de 20 milliards d'euros (sur les 50 payés chaque année, en l'état actuel), limitant d'autant le déficit budgétaire.

Enfin, l'Europe des coopérations retrouverait son sens sur une base de liberté. Des agences indépendantes seraient créées au cas par cas avec les pays participants. Une dizaine de programmes de type Airbus seraient aussi lancés pour rattraper le retard de l'Europe en matière scientifique et technique : voiture propre, panneau solaire à haut rendement, autoroutes numériques, recherche en génétique, nanotechnologies, en cancérologie, centrale énergétique au thorium sans déchets nucléaires, hydroliennes pour utiliser la force des marées, etc. Autant de défis à relever si nous voulons être acteurs du XXIe siècle.

Aujourd'hui nous avons le choix : laissons-nous notre démocratie mourir à petit feu, nous résignant à n'être plus que des consommateurs esclaves de la « World Company », ou voulons-nous redevenir des citoyens en nous en donnant les moyens ?

C'est bien en redonnant le pouvoir au peuple que l'on pourra bousculer un système politique sourd et aveugle aux mutations du temps comme aux souffrances des Français.

Pour réveiller complètement les consciences, la révolution démocratique que je propose ne suffira pas si l'on n'est pas capable de reconstruire parallèlement une belle instruction publique qui élève le peuple et fortifie la nation.

La réforme de l'Éducation nationale sera la mère des changements tant la prise de pouvoir des pédagogistes nihilistes rue de Grenelle a été une catastrophe nationale.

L'abaissement général institutionnalisé par la culture de l'excuse permanente et par la diminution continue des horaires des enseignements fondamentaux, explique en partie le désintérêt d'une certaine jeunesse pour le débat politique.

Curieux paradoxe de voir la génération des barricades léguer aux générations suivantes une société de consommation, où les vrais citoyens n'ont plus leur place. Un groupe de jeunes lycéennes que j'ai croisées récemment et à qui je demandais ce qui leur manquait le plus dans notre ville m'a répondu spontanément et avec un grand sérieux : « Un centre commercial, comme à Créteil-Soleil, Monsieur le Maire ! »

Bien évidemment, de nombreux jeunes s'engagent en politique et s'informent grâce à Internet. Mais dans l'ensemble, jamais l'ascenseur social n'a été bloqué au point d'opposer deux jeunesses. D'un côté, celle qui, grâce à sa famille ou à son environnement, est dotée des savoirs et des codes qui lui permettent de tirer son épingle du jeu, de l'autre celle qui en est tenue à l'écart et subit de plein fouet un monde fermé, de plus en plus injuste.

Ce fossé s'explique aisément par le nombre de ceux qui n'ont plus accès à l'écrit, qui sortent sans formation du système scolaire, faute d'un minimum de culture et qui vont pour la plupart de petits boulots en stages. Je suis révolté par ce gâchis humain et cette immense perte pour le pays.

Il faut tout reconstruire : une école publique gratuite, laïque, obligatoire et surtout exigeante avec chacun. Tout est à revoir sans se focaliser sur les structures (privatisation, autonomie ou autres) pour se concentrer sur le retour au calme dans les classes, l'apprentissage de la lecture avec une méthode qui a fait ses preuves, la transmission des savoirs fondamentaux. Il ne s'agit pas de vouloir imposer un moule unique à tous, mais de donner réellement une chance à chacun. Un professeur de mathématiques me disait dernièrement : « Il y a des jeunes plutôt forts en maths qui ratent leurs examens parce qu'ils sont tellement faibles en français qu'ils ne parviennent même pas à lire et à comprendre l'énoncé du problème ! »

Comment tolérer que, sur une heure d'enseignement, il n'y ait, tous les témoignages des professeurs concordent, bien souvent que vingt minutes utiles à la concentration ? Comment accepter que les jeunes fassent l'apprentissage de la loi du plus fort au collège alors qu'ils devraient être protégés, comme dans un sanctuaire ? Quelle société bâtissons-nous quand on apprend que de très nombreux élèves font exprès d'avoir de mauvaises notes pour ne plus se faire tabasser ou moquer à la sortie des cours ?

Voilà la réalité. Oh, évidemment, ce n'est pas celle des beaux quartiers dont sont sortis ceux qui nous gouvernent, ceux qui nous divertissent, pas celle des écoles efficaces, des collèges en vue, non l'autre, celle des établissements moyens ou petits qui s'enfoncent dans la fausse générosité et le vrai laxisme.

Ne pas tolérer le désordre dans la classe ni dans l'établissement, conforter l'autorité des enseignants, exclure les élèves violents, est le préalable à toute réforme.

Il faudra décider d'apprendre à lire avec la méthode syllabique, mémoriser et réciter. Nous n'y pouvons rien, c'est ainsi que fonctionne notre cerveau. C'est le b.a.-ba de toute réussite éducative. Tout a été écrit sur le sujet et seule la lâcheté de nos ministres successifs explique le désastre actuel… qui a d'ailleurs fait la fortune des orthophonistes !

Cela se fera en réapprenant à apprendre, en récompensant l'effort et le mérite. En vérité, il faut inverser les valeurs qui ont présidé à la démolition de l'école de la République. Contrairement à ce qui est souvent répété par méconnaissance, je suis convaincu qu'une majorité d'enseignants, comme de proviseurs, sont impatients de voir renaître l'école exigeante et juste que nous aimons tous.

Il ne s'agit pas d'interdire des parcours scolaires diversifiés ni de revenir à l'école du XIXe siècle, mais de privilégier ce qui a déjà marché, car nous n'avons plus les moyens de faire des expériences, d'autant qu'elles ont raté pour la plupart. Je propose ainsi depuis bien longtemps de mettre en place des cours de soutien pour aider les élèves qui décrochent. J'ai toujours été triste de voir perdues des intelligences en devenir. Le destin d'un enfant est à choyer comme la plus belle chose du monde ! Combien d'entre eux ont été gâchés par la démission de l'institution scolaire. En définitive, ce sont les catégories modestes qui sont les grandes perdantes de la politique menée. Quand notre monde politique comprendra-t-il que le succès du pays dépend de la réussite de ses enfants, de tous ses enfants ?

Notre langue, notre histoire, notre pensée et notre culture doivent être mieux partagées et mieux enseignées par une refonte des programmes et des manuels, comme par une nouvelle formation des enseignants sur le modèle des écoles normales. Mettons fin aux heures perdues en pseudo-groupes de travail où le bavardage niais remplace l'apprentissage silencieux et concentré. Une fois atteint un niveau minimum, alors chacun pourra avec une vraie égalité des chances choisir son orientation et, en fonction de ses efforts, assumer son risque.

La France se relèvera quand les consciences se réveilleront.

Il ne faut pas perdre confiance. Les Français, comme beaucoup d'autres peuples, ont compris l'arnaque qui nous gouverne. Les dissidents soviétiques ont réussi à déstabiliser le communisme et il n'est pas d'exemple dans l'histoire de France où un pouvoir soumis à des forces extérieures et intérieures ait pu faire illusion très longtemps.

Je crois en la conscience, je crois que l'être humain sait confusément où est le bien. J'ai confiance dans le peuple français, râleur, querelleur mais entier, révolté, généreux et doué de l'instinct de survie.

Je sais que le pays ne se couchera jamais et ne renoncera jamais à être la France parce qu'il se relève toujours au dernier moment. C'est sa nature, historiquement il l'a toujours fait, il a toujours inventé des solutions qui ont prévalu dans le monde entier. C'est donc en France qu'il faut inventer une nouvelle démocratie.

À nous de le faire !

10

L'État, c'est nous !

Une nation sans État ressemble à un individu sans colonne vertébrale. Aucune volonté politique ne peut se matérialiser. La démocratie devient alors une coquille vide.

Curieux paradoxe de voir la France dont l'histoire se confond avec la construction de son État justement affligée aujourd'hui d'un État impuissant. L'État régalien est piétiné, l'État-providence est malade de son obésité et l'État stratège n'est plus que l'ombre de lui-même.

Ses serviteurs, honnêtes et loyaux, ce qui est rare à travers le monde, ne sont pas en cause. Ils assistent, désabusés, au naufrage causé par la faiblesse et les calculs d'une classe politique inconsciente.

Il est vrai que, dans la société libérale libertaire, celle de la tyrannie de l'argent-roi, celle de l'individu égoïste, il n'est pas dans l'air du temps de défendre l'État.

L'État n'est d'ailleurs pas en soi désirable. Il a parfois été le complice des pires totalitarismes. Mais à l'inverse, l'absence d'un État respecté aboutit à la jungle, à la loi du plus fort, à l'enchaînement des désordres et des violences.

Il suffit de fréquenter les habitants de quartiers pudiquement qualifiés de difficiles pour comprendre l'ampleur de la démission de l'État et la gravité de la situation. Quand des commandos de djihadistes circulent librement et massacrent nos concitoyens aux terrasses des cafés, tout à coup, notre pays découvre l'utilité de ce qu'il a laissé démolir : sa police, son armée, sa justice.

Les chiffres parlent d'eux-mêmes. Le poids de l'État régalien (sécurité intérieure et défense nationale) en proportion de la richesse nationale a été divisé par plus de deux entre le début des années 1960 et aujourd'hui, passant de 6,5 à 2,8 %.

Si l'on veut sortir notre pays du chaos qui pointe, garantir la sécurité des Français sur notre sol, préserver un système social protecteur, anticiper les défis des cinquante prochaines années, il y a urgence à reconstruire l'État : lui rendre à la fois son autorité et son efficacité. D'un côté, muscler l'État régalien et stratège, de l'autre réformer en profondeur l'État-providence. La tâche est aussi immense que vitale. Il y va de la survie de la France.

Muscler l'État régalien, premier impératif.

Il suffit de s'éloigner des beaux quartiers encore protégés de ce que vivent de plus en plus de nos concitoyens pour prendre conscience des désordres qui se répandent en ce moment. Des pans entiers de notre territoire échappent aux lois de la République et vivent sous la coupe d'individus qui intimident, punissent et appliquent leurs règles de vie, basées sur les profits criminels et les régressions communautaristes.

Comme maire d'une commune de banlieue plutôt tranquille et député de l'Essonne, je pourrais rapporter des centaines de pages de témoignages effarants. Parmi les derniers que je garde en mémoire, ce conducteur de RER tabassé, dont l'agresseur n'a écopé que d'une peine de quatre mois avec sursis. Ce chauffeur de bus au visage ensanglanté n'obtiendra jamais réparation, car l'enquête accorde plus de poids aux dires du petit voyou qui prétend avoir « répondu » à l'agressivité du premier. Le chauffeur lui demandait de cesser de trafiquer de la drogue dans son bus ! Je pense aussi à cette femme modeste qui garde des enfants à domicile et qui s'est fait dérober sa poussette double, son seul instrument de travail, car elle avait osé, à trois heures du matin, demander à une bande de faire un peu moins de bruit dans sa cage d'escalier

Pour finir, encore plus grave : la filature, en vue de son démantèlement, d'un trafic de drogue dans ma commune, travail qui prit plusieurs mois aux forces de l'ordre, mais qui aboutit à une remise en liberté des dealers le soir même de leur arrestation. En principe, les trafiquants seront jugés dans six mois. Je dis en principe, parce qu'on finit par douter de tout.

Le quotidien d'un maire, d'un commissaire de police, d'un gardien d'immeuble a de quoi effrayer la France qui ne se doute de rien. Et je n'évoque pas certains quartiers de Marseille où, lors de la dernière campagne présidentielle, on m'avait carrément demandé de ne pas me rendre. J'y suis quand même allé, à la fureur des autorités. J'ai constaté que les volets des rez-de-chaussée étaient tous fermés. Une habitante m'a confié qu'elle vivait là, dans son appartement en bord de rue, depuis des années, à la lumière électrique, de peur d'en voir trop, d'être victime de représailles, le trafic de drogue s'organisant sous ses fenêtres…

Il faut imaginer le découragement des forces de l'ordre qui ont de plus en plus le sentiment de l'inutilité de leur action quand ils voient des multirécidivistes revenir les narguer. Au moment même où j'achève la rédaction de ce livre, je lis dans la presse qu'un délinquant de vingt-cinq ans vient d'être arrêté au volant d'une Porsche volée dans les rues de Clichy, au terme d'un rodéo périlleux, pour la 56e fois. Cette situation a aussi une autre conséquence gravissime, celle de la perte de confiance dans la justice de la part des citoyens. C'est le règne du « deux poids, deux mesures ». Les automobilistes sont systématiquement réprimés pour les contraventions de stationnement ou d'excès de vitesse sans guère de possibilités de recours, avec un doublement de l'amende en cas de contestation rejetée. Les sanctions sont automatiques pour ceux qui sont bien identifiés. Parallèlement, tout est fait pour que les individus qui causent des infractions violentes, qui jonglent avec les identités, qui se moquent des règles, des permis, des assurances, échappent à toute sanction pénale, notamment quand ils sont mineurs.

Du ressort de la préfecture de police de Paris (Paris et les départements de la petite couronne), plusieurs milliers d'individus, tous en liberté, connus pour avoir commis, comme le chauffard de Clichy, plus de 50 délits (combien en réalité ?)… Quand on connaît ce chiffre, il ne faut pas s'étonner que ces délinquants pensent être au-dessus des lois et de la justice : la justice étant elle, au-dessous de tout.

Or, ce qui compte, ce n'est pas la peine encourue, mais la peine prononcée effectivement et exécutée. Ce qui compte, ce n'est pas la nature de la peine, mais la certitude d'avoir une peine.

L'État lui-même n'applique pas ses propres règles : les lois Dati et Taubira constatant l'engorgement des prisons permettent que les condamnés à une peine de prison ferme (deux ans pour la loi Dati et maintenant cinq ans depuis la loi Taubira) n'aillent pas en prison et, dans le meilleur cas, se voient appliquer une peine dite alternative (bracelets électroniques). Des bracelets qui, à la différence des autres pays, ne sont pas géolocalisés pour la plupart. En d'autres termes, les parlementaires ont voté des lois visant à ne pas appliquer la loi plutôt qu'à construire en nombre suffisant des établissements pénitentiaires pour faire exécuter des décisions de justice prononcées au nom du peuple français.

Les chiffres sont accablants, mais les médias demeurent très pudiques : cette politique de la dénégation se traduit par l'usage des mots employés.

Systématiquement, on entend parler de « passé de petit délinquant » pour des auteurs de faits gravissimes qui sont en réalité au minimum des délinquants multirécidivistes.

Même désinformation quand on préfère parler d'« incivilités » au lieu d'« infractions pénales ». La notion d'incivilité est sociologique et élude la gravité de l'infraction pénale en fondant ces déviances dans la fatalité du dysfonctionnement social.

En quarante ans, la criminalité a été multipliée par quatre et les délits les plus traumatisants, comme les atteintes aux personnes, par dix. Les auteurs d'actes de violence sont de plus en plus jeunes et de plus en plus durs. Chaque année, 230 000 mineurs ont affaire à la justice pour des infractions pénales, mais seulement un tiers d'entre eux sont réellement poursuivis. La prison est rarissime puisque seuls 3 000 mineurs sont incarcérés, soit moins de 2 % des mis en cause alors que les mineurs sont responsables de 28 % des vols (un délit) et de 28 % des viols (un crime). Et 10 % seulement des violences sexuelles hors ménage font l'objet d'une plainte, ce qui laisse un nombre considérable de viols et d'atteintes sexuelles jamais sanctionnées !

Nous ne sommes pas loin aujourd'hui du seuil où l'autodéfense deviendra le seul moyen pour les citoyens de ne plus se faire menacer ni dépouiller.

Voilà pourquoi l'État de droit doit être restauré sur tout le territoire de la République, sans aucune exception ni restriction. Ce sera difficile tant il faut tout reconstruire et savoir y mettre les moyens. C'est indispensable.

Le Royaume-Uni, par exemple, dépense pour sa justice deux fois plus par habitant que nous (153 euros contre 74 en France). L'Allemagne soigne aussi davantage sa police et sa justice. Pour autant, les sommes en cause ne sont pas si importantes. Pour compenser cet écart, il faudrait quelques centaines de millions d'euros supplémentaires. N'est-il pas choquant de constater que chaque Français dépense aujourd'hui pour la justice deux fois moins que pour sa redevance télévision ?

Les réformes à mettre en œuvre sont connues de tous. Recruter tout de suite des personnels administratifs (10 000 environ) afin de remettre sur le terrain les policiers et gendarmes qui sont dans les bureaux. Doter nos forces de matériels adaptés pour répondre aux armes de guerre utilisées par les voyous. Sur le terrain, caler les horaires de présence des forces de l'ordre sur ceux de la délinquance. Alléger les procédures de garde-à-vue, entre autres…

Mais l'essentiel de la réforme de l'État doit concerner notre justice. Réforme qui ne pourra sans doute aboutir que par référendum, tant les résistances sont fortes.

La justice doit être d'abord dépolitisée. Il est ahurissant que le Syndicat de la magistrature ait pu s'associer à la plainte d'associations devant le Conseil d'État pour contester l'état d'urgence ! Ahurissant de voir ce syndicat épingler sur un « mur des cons » les têtes des politiques qui ne lui reviennent pas.

Dans la police comme dans la justice, les syndicats doivent limiter leur action aux conditions de travail de leurs adhérents. La justice, doit-on le rappeler, est rendue au nom du peuple français ! D'où l'importance de maintenir le lien hiérarchique entre le garde des Sceaux et le parquet.

Il faut ensuite abroger les dangereuses lois Dati et Taubira qui participent du même objectif : éviter la prison à ceux qui y ont été condamnés, pour la simple raison qu'on n'a plus de place en cellule !

À chaque délit doit correspondre une sanction proportionnée, certaine, rapide et effective. Il est temps aussi de supprimer les réductions de peine automatiques et excessives, ainsi que je l'avais demandé par une proposition de loi dès 2011. Les pouvoirs des juges d'application des peines devraient être encadrés car il est anormal que des peines de prison soient modulées ou diminuées sans que la victime ne soit tenue au courant.

Des peines planchers devraient être instaurées en cas de récidive et les rappels à la loi limités à deux. Enfin, puisque la justice est rendue au nom du peuple français, je propose que les condamnations fermes et définitives fassent l'objet d'une publication sur un site Internet accessible sur simple demande.

Mais la réforme de la justice n'aura de sens et d'impact que si l'on repense totalement le système pénitentiaire français. J'ai visité la prison de Villepinte, en Seine-Saint-Denis, où le trop fameux Coulibaly a séjourné. Il suffit de passer une heure dans ce lieu pour comprendre la déliquescence de l'État. Après m'avoir expliqué que tout allait bien, la directrice me fit visiter l'établissement, sillonné par des détenus se promenant librement, sans escorte. « Nous n'avons pas assez de personnel », me dit-elle. Surprise aussi quand les surveillants m'expliquent qu'il manque un gardien au poste clef de chaque unité, celui qui permet de visualiser les mouvements de leurs collègues. La peur au ventre, les gardiens effectuent donc leur mission à haut risque sans être protégés.

Enfin, le comble fut la visite du quartier des mineurs qui empestait le cannabis. Cellules puantes, hurlements, dégradations. Les surveillants vêtus de survêtements n'ont aucune autorité sur ces jeunes qui les insultent à longueur de journée. La directrice m'affirma sans rire que cette tenue sportive décontractée visait à casser le rapport hiérarchique entre le gardien et le jeune détenu. Il s'agissait de construire un lien de confiance et de camaraderie entre eux. Manifestement, les jeunes dans leur cellule ne l'entendaient pas ainsi. D'autant, il faut le rappeler, que, si un mineur est détenu, c'est qu'il a forcément commis des actes très graves…

Là aussi on sait très bien ce qu'il faut faire. Doubler le nombre de cellules pour atteindre les 100 000 places, ce qui nous mettra au niveau du Royaume-Uni et permettra enfin d'adapter les incarcérations par site en fonction du type de délit, du parcours du détenu, de sa capacité à se réinsérer. Par ailleurs, il faut développer le travail en prison, qui lui offrira une formation. Car l'enjeu est de préparer sa sortie et de la réussir. Ce programme a un coût mais la délinquance a un coût financier et social aujourd'hui considérable. Personne ne veut le voir. Les victimes sont devenues des citoyens de seconde zone.

Il faudra ensuite revoir entièrement le fonctionnement des prisons en rétablissant la fouille des détenus, la tenue pénitentiaire et en interdisant la fameuse cantine qui fait subventionner par l'État (c'est-à-dire les citoyens honnêtes) la consommation de produits vendus moins cher que dans les supermarchés ! Chaque jour, on apprend que les détenus donnent des consignes à leurs complices dehors par téléphone, qu'ils commandent des objets par Internet… La coupe de l'absurde est pleine, il faut réagir tout de suite.

Aujourd'hui, la question est simple : voulons-nous rétablir l'État de droit dans notre pays ? Ceux qui, je les imagine déjà, vont polémiquer sur l'atteinte aux libertés individuelles se trompent de cible. Pour ma part, je trouve qu'il n'y a pas pire atteinte aux libertés que de n'être sûr de rien quand on va au cinéma ou au café avec sa fille, sa femme ou entre amis. De risquer une rafale, une bombe, une roquette. D'être partout l'objet du fascisme de proximité sous la menace du « On te retrouvera ».

Qui, parmi les habitants des banlieues livrées à la pression délinquante et communautaire quotidienne, n'a jamais été menacé dans ses biens, dans l'intégrité de sa famille ? L'expression « On sait où t'habites » est devenue commune. Personne ne voit l'anomalie, elle est pourtant claire : c'est la menace explicite de l'expédition punitive. Le fascisme de proximité, le désordre, les bandes qui se livrent à des représailles périodiques sur la population, tout est déjà contenu dans les mots prétendument anodins « On sait où t'habites ». Le terrorisme n'est rien d'autre. Il débute là. On sait où vous habitez. On va monter chez vous à quatre, à huit, à seize. Quand l'équipe des tireurs de *Charlie-Hebdo* menaçait ses futures victimes, des mois avant l'attentat, c'était exactement sur ce ton-là. Ils ont trouvé où était installée la rédaction.

Au lendemain des attentats contre les dessinateurs du journal satirique, j'ai été le seul à réclamer l'état d'urgence qui n'a été instauré qu'un an après, au prix de 130 morts supplémentaires. On me demande souvent ce que j'aurais fait de mieux que les équipes en place. Il allait de soi pour la majorité des Français à l'époque qu'une opération de guerre ouverte aussi déterminée, aussi cynique, aussi brutale, aurait réclamé une réponse d'envergure, une opération coup de poing, sur une vingtaine de sites en France, dès le mois de mars 2015, afin de saisir les armes. L'armée aurait été déployée, aurait ratissé certaines zones…

De quel côté le fascisme est-il ? Est-il du côté de celui qui menace un voisin, un groupe, une institution, ou bien du côté de l'État qui décrète que toute menace envers un voisin, un groupe, une institution sera considérée désormais comme une atteinte à la sûreté générale ?

C'est justement en laissant perdurer les désordres et les violences (qui, en elles-mêmes, portent atteinte à la liberté de l'honnête citoyen) qu'un jour les Français seront vraiment tentés de s'asseoir sur l'état de droit. La prolongation de l'état d'urgence s'explique d'ailleurs principalement par l'inefficacité de la chaîne pénale ordinaire.

Rendre à l'État son autorité, c'est redonner à chaque Français confiance dans le pouvoir politique.

Il faut que la population soit convaincue qu'elle fait l'objet d'une protection. Mais qu'elle en soit convaincue est insuffisant si les opérations lancées échouent, cafouillent, si elles témoignent d'une impréparation comme on l'a soupçonné plusieurs fois lors des derniers attentats.

L'autorité de l'État doit s'accompagner de son efficacité. Vaste programme, tant cela oblige à faire maigrir un État-providence devenu obèse et à ressusciter l'indispensable État stratège.

Quand on parle de l'État en France, on confond généralement tout. Peu de Français savent que l'on dépense trop peu, car de moins en moins, pour l'État régalien (moins de 5 % du PIB) et trop pour l'État-providence (près du tiers du PIB est consacré à des dépenses sociales). Ce sont les transferts sociaux qui expliquent la part élevée des dépenses publiques dans la richesse nationale. Il ne s'agit pas de renoncer à l'effort de solidarité, mais de le maîtriser en faisant cesser les abus manifestes. Là aussi, les solutions ont été maintes fois recensées dans une succession de rapports qui s'entassent dans les armoires ou sur les disques durs des ordinateurs de la Cour des comptes et des ministères.

Je propose deux réorganisations majeures : celle des collectivités locales et celle de la sécurité sociale.

Du côté des collectivités, on parle depuis des années du millefeuille sans jamais cesser d'ajouter des couches de crème. Il est possible de simplifier l'organisation en s'appuyant sur le couple rénové commune/département. Les régions sont inutiles, car les départements d'une même région pourraient très bien déléguer certains conseillers pour décider, avec la participation du préfet de région, de quelques schémas d'actions plus globales (universités, transports, grosses implantations économiques). Les départements devraient être quant à eux regroupés pour atteindre chacun plus ou moins un million d'habitants. La France serait ainsi découpée en environ soixante-dix collectivités. Les communes et les intercommunalités seraient leur interlocuteur.

Les socialistes ont réduit le nombre des régions, mais ont gardé le même nombre d'élus. En supprimant les 1 866 conseillers régionaux et en s'appuyant sur les 4 108 conseillers départementaux bien enracinés dans leur canton, on pourrait réduire d'un tiers le nombre d'élus de cette strate. Les départements agrandis, mais toujours structurés autour des cantons, seraient beaucoup plus à même de défendre nos territoires ruraux, nos petites et moyennes villes qui sont la richesse du pays et qui sont totalement abandonnées au profit des métropoles qui n'ont nullement besoin de l'aide de l'État pour se développer.

Un État fort qui coordonne les énergies au niveau régional, des départements qui protègent et dynamisent notre maillage territorial et des communes qui, comme les vaisseaux sanguins, irriguent tout le pays : voilà un bon moyen de faire de réelles économies, de préserver nos services publics, notamment dans les zones rurales, et surtout de mieux garantir la transparence des choix et donc le contrôle des élus par les habitants.

L'État-providence est la conquête sociale du XXe siècle. Il a fait reculer la misère, la maladie et la mort pour le plus grand nombre comme jamais dans l'histoire de l'humanité. La plupart des pays du monde nous l'envient, même les États-Unis dont les systèmes concurrentiels de santé et de retraite coûtent plus cher et sont moins efficaces que notre bonne vieille sécu par répartition. Mais cet État, à force de grossir sans discernement, est au bord de l'apoplexie. Sa réforme n'en est donc que plus vitale, si l'on veut éviter son démembrement par des assurances privées qui lorgnent, comme des vautours, sur ce qui est aussi un gigantesque marché.

Un démantèlement qui coûterait en fin de compte beaucoup plus cher à la collectivité que sa réforme, comme en témoigne l'exemple américain ou, chez nous, le fonctionnement caché, hors de prix, des mutuelles.

Mais sa réforme est sans doute la plus difficile qui soit tant le maquis des financements, des prestations, des compétences et des responsabilités est indéchiffrable et donc incontrôlable.

Pourtant il suffit là aussi, comme dans le domaine de la sécurité, de vivre au quotidien parmi les Français pour comprendre l'ampleur de la gabegie financière et les abus de l'assistanat. Il est révoltant de constater que nos concitoyens respectueux des lois cotisent toujours plus et toujours plus longtemps pour financer des gaspillages et des détournements qui s'accroissent chaque année. Là aussi le déni de réalité est insupportable.

Je propose une réforme structurée autour de trois principes.

Concernant les recettes, il faut mettre fin autant que possible aux financements croisés qui jettent la confusion sur les responsabilités des uns et des autres.

Dissocions enfin ce qui relève de l'assurance des travailleurs (retraites, accidents du travail, chômage) de ce qui relève de la solidarité nationale (famille et santé). Ce sera aussi le moyen d'alléger les charges de nos entreprises et d'améliorer la compétitivité de la maison France. Les produits importés doivent aussi financer notre système social dont ils profitent amplement puisqu'ils sont achetés sur un marché de consommateurs rendus solvables et en bonne santé !

Concernant les dépenses, il est aussi temps de conditionner à des contreparties le versement des prestations. Le RSA devrait être versé en échange d'une journée de travail par semaine pour la collectivité (je le demande depuis 2007 !). Cela aiderait les chômeurs à se réinsérer et permettrait de réduire une fraude considérable. Le temps de mettre en place cette réforme, il faudrait déjà chaque mois remettre en mains propres à l'allocataire le chèque, par l'intermédiaire des mairies, afin d'éviter le versement du RSA à des personnes qui ne vivent pas sur le sol national.

La directrice d'un hôtel parisien me racontait récemment que des familles bénéficiant d'un bon niveau de vie à l'étranger, venaient chaque été dépenser les sommes accumulées du RSA sur un compte en France. Cette femme à la double nationalité était révoltée de voir son pays d'adoption escroqué de la sorte.

Dans le même esprit, il faut supprimer l'aide médicale d'État qui permet à des clandestins d'être mieux pris en charge que les Français ou étrangers réguliers qui travaillent et cotisent depuis des années. Il suffit pour les soins urgents d'ouvrir des dispensaires dans chaque département.

Enfin, pour les étrangers qui arrivent sur notre sol, il faut instituer un délai de carence de cinq à dix ans selon les prestations (RSA, minimum vieillesse...). Les entreprises qui font venir de la main-d'œuvre devraient prendre en charge le risque santé au-delà d'un seuil de dépenses, comme cela se pratique dans beaucoup de pays. Il est temps d'en finir avec la politique du guichet ouvert qui crée un appel d'air, ruine notre sécurité sociale et oblige à réduire les prestations ou les remboursements de ceux qui, toute leur vie, ont effectué leur devoir.

Je me souviens de cette militante qui, gênée, m'avoua qu'à soixante-sept ans, elle continuait à faire des petits boulots pour survivre. « J'ai travaillé toute ma vie, licenciée à trois reprises, j'ai fait tous les métiers et je touche 850 euros de retraite ! Sur le même palier que moi, une femme, qui a été rapatriée il y a plusieurs années en France par son fils et qui n'a jamais cotisé à aucun système de retraite, reçoit le minimum vieillesse de 800 euros. Expliquez-moi pourquoi ? »

Des milliards d'euros sont ainsi détournés au détriment de nos concitoyens. Aucun pays au monde ne se comporte ainsi.

Les économies réalisées seront affectées, d'une part, à la suppression du déficit, d'autre part, à l'amélioration du quotidien des handicapés comme de la prise en charge des soins indispensables, notamment dentaires et auditifs, si mal remboursés aujourd'hui. Les étrangers qui travaillent et cotisent seront bien sûr pleinement associés à la solidarité nationale au terme du délai de carence.

Il faut savoir mettre fin à l'assistanat pour pouvoir sauver la solidarité. Il faut aussi avoir le courage de bloquer l'immigration attirée par les prestations sociales pour garantir notre capacité d'accueil. Il ne s'agit là que du bon sens le plus élémentaire. Personne n'est obligé de venir s'installer en France. Comme pour toutes les immigrations réussies, il faut faire ses preuves dans le pays d'accueil avant d'en exiger des bénéfices. Les devoirs passent avant les droits.

Sans quoi, et peu de gens s'en doutent encore, ce sont les droits eux-mêmes qui vont s'amenuiser, même les plus élémentaires. Celui de ne pas vivre dans le dénuement pendant sa vieillesse, par exemple. Quand son mari touchait 1 000 euros de retraite, une femme qui devient veuve, passe sous le seuil de pauvreté.

Voilà pourquoi il faut à l'évidence reprendre en main le système social français. Est-il normal que les parlementaires passent d'innombrables semaines pour débattre du budget de l'État, examinant dans le détail les crédits dépensés par chaque ministère, et que la loi sur le financement de la sécurité sociale soit expédiée en quelques jours ?

Le pouvoir politique doit cesser de déléguer la gestion du secteur social sans effectuer son contrôle démocratique. Je propose de nommer un secrétaire d'État pour chaque branche de la sécurité sociale. Ce membre du gouvernement, secondé par une administration de mission composée de magistrats de la Cour des comptes et d'inspecteurs (il y a suffisamment de hauts fonctionnaires, inoccupés, à mobiliser), fera la lumière sur le fonctionnement de chaque branche : santé, chômage, famille, accidents du travail... Une commission parlementaire spécifique siégera pour l'épauler et le contrôler. En cinq ans, nous remettrons de l'ordre dans les comptes et nous ferons cesser les abus et les privilèges qui nourrissent l'obésité maladive du secteur social.

J'ai alerté à plusieurs reprises sur les dysfonctionnements du secteur du logement social. Les salaires exorbitants des directeurs d'office HLM sont monnaie courante et un adjoint communiste à la Mairie de Paris osait même affirmer dans une interview au *Parisien*, le 30 janvier 2016, qu'un salaire annuel de 200 000 euros est « conforme au secteur du logement social ».

L'État au sens large du terme, on le voit bien, a besoin d'être dirigé, contrôlé, encadré par le pouvoir politique responsable devant les Français. La transparence publique permettra sans aucun doute de casser les féodalités et de proposer au Parlement de vrais arbitrages. Le bon sens reviendra vite alors.

Il n'est pas besoin dans mon esprit de tout casser, contrairement à ce dont rêvent certains ultralibéraux. Il faut simplement ajuster certaines règles pour pouvoir récompenser ces millions de fonctionnaires qui ont un grand sens du service public et mettre au pas les profiteurs qui les déconsidèrent.

J'ai ainsi expérimenté dans ma ville les bienfaits d'une forme d'« acupuncture » publique. L'absentéisme des agents est sanctionné par la perte automatique d'une part proportionnelle des primes, le solde étant reversé à ceux qui ne se sont pas absentés un jour dans l'année. Bien évidemment les grossesses et les maladies graves ne sont pas comptabilisées.

Il ne s'agit pas de détruire l'État. Ce n'est pas mon objectif. Il s'agit en revanche de le faire maigrir là où il faut pour redéployer les moyens en faveur des missions régaliennes et des missions prospectives.

Car l'État est aussi là pour anticiper le monde de demain. Les entreprises placées sous la contrainte de la rentabilité immédiate ne sont pas toujours en capacité de se projeter à long terme. C'est là encore le rôle de l'État, notamment dans le secteur de l'énergie qui exige des investissements à cinquante ans et dans celui de la souveraineté numérique, enjeu majeur du XXIe siècle. J'ai déjà longuement évoqué la question scientifique. Il va de soi que notre pays devrait plutôt augmenter les salaires des chercheurs que de laisser se multiplier les gaspillages. Il est de bon ton de moquer les échecs de certains programmes d'État. Certes, comme dans le privé, ils ont existé, mais que serait la France sans les programmes volontaristes qui ont réussi : TGV, nucléaire, Ariane, Airbus… ?

Pour un pays qui n'a pas la taille des États-Unis, avec ses multinationales, il est vital d'anticiper les mutations scientifiques et de prendre une longueur d'avance. Ce n'est pas un hasard si, partout dans le monde, les grandes percées technologiques ont procédé du secteur de la défense. Preuve s'il en était besoin qu'il faut savoir investir d'abord pour gagner ensuite. Le Web a été ainsi inventé par hasard au Cern, qui est un extraordinaire creuset de chercheurs.

Anticiper le monde d'après, se projeter dans le temps, dans l'espace, innover sans cesse, débattre des grandes tendances de demain, avoir la capacité de parier sur des applications industrielles coûteuses, voilà avant tout le rôle de la puissance publique, si loin de l'obsession de nos dirigeants pour le prochain sondage. Les pays qui réussissent dans la mondialisation sont ceux qui savent mobiliser de l'argent public, non pour somnoler mais pour se muscler. Voilà pourquoi il est fondamental de ne pas fixer notre budget de la Défense nationale en dessous du seuil critique de 2 % du PIB.

On voit bien que François Hollande s'est embarqué, à la suite de son prédécesseur, dans une politique absurde de désengagement budgétaire doublée d'un surengagement sur le terrain. Comme nous n'avons pas les moyens de notre activisme militaire, nous laissons les autres agir et nous instrumentaliser. Au lieu de poser nos conditions, nous remplissons celles qui nous sont imposées par les autorités américaines. Nous allons abandonner bientôt à l'OTAN tout ce que le général de Gaulle avait réussi à lui arracher. C'est pratiquement fait. Nous ne sommes plus indépendants. Tout se décide en dehors de nous. Et sans nous.

Si l'on veut continuer à compter dans le monde, nous devons investir dans de nouveaux matériels et notamment lancer la construction d'un second porte-avions.

Il est aussi impératif de recruter les 50 000 soldats dont nous avons supprimé les postes depuis 2007. Recrutements qui seront complétés par la mise en place d'un corps de réservistes.

Enfin, je suis également favorable au rétablissement d'un service national universel à composante militaire. Outre sa vertu citoyenne, ce service national de trois mois permettrait de repérer les difficultés de la jeunesse et de corriger ses troubles de socialisation. Il offrirait aussi à nos armées le vivier d'énergie et de talents qui lui manquent cruellement. Ce serait plus efficace que la surveillance statique du territoire qui épuise dangereusement des unités plus professionnalisées.

Un État respecté.
Un État musclé.
Voilà mon projet.

Mais comment un État peut-il exister s'il ne maîtrise pas ses frontières ? Le bon sens le plus élémentaire veut que nous contrôlions autant que possible ceux qui entrent et ceux qui sortent. La France me fait penser au propriétaire d'un appartement qui aurait ouvert sa porte palière et rempli son réfrigérateur, faisant confiance au digicode de la porte de l'immeuble. Très vite, l'appartement se transformerait en squat.

Notre pays, comme en témoigne Calais, menace de devenir un squat géant. Les premiers à en souffrir sont les étrangers qui respectent scrupuleusement nos lois et les Français d'origine étrangère qui subissent des réactions de rejet de la part de nos concitoyens. Cessons de nous laisser culpabiliser. Il y a urgence à bloquer au maximum les flux migratoires. Cela passe par plusieurs dispositions complémentaires.

Tout d'abord, un plan d'aide massif à l'Afrique qui est l'enjeu majeur du siècle. Stabiliser et développer ce continent constitue le meilleur moyen de prévenir l'immigration.

Ensuite, oser raccompagner chez eux les illégaux et contrôler efficacement toutes nos frontières nationales. À ce titre, les portiques de l'écotaxe pourraient être récupérés pour être placés sur toutes les routes secondaires, photographiant ainsi les plaques et les conducteurs.

Ceux qui n'ont rien à se reprocher ne craindront rien !

Enfin, nous devons repenser les règles qui permettent aux migrants de s'installer légalement sur notre territoire, notamment le regroupement familial et le droit du sol. Pour le premier dispositif, il serait préférable de ne l'accorder qu'aux seuls conjoints et enfants de ceux qui résident en France depuis un certain nombre d'années. Quant au droit du sol, il doit être strictement encadré et donner lieu à une vraie manifestation de volonté d'être français à l'âge de dix-huit ans.

Il faudra tenir bon dans l'intérêt du pays tout entier.

Car il faut bien dire la vérité aux Français !

On ne peut pas à la fois maintenir les frontières ouvertes et financer un État-providence pour tout le monde. Il n'est pas question pour autant de fermer hermétiquement la France, comme il n'est pas souhaitable de refuser la sécurité sociale à des étrangers qui cotisent un grand nombre d'années en France. Il faut donc tout simplement rééquilibrer les choses en limitant au maximum les entrées sur notre territoire et en conditionnant tout avantage social à une vraie présence en France.

À ceux que j'entends déjà hurler, criant à l'indignité, je veux demander pourquoi la plupart des pays fonctionnent ainsi et pourquoi, nous-mêmes, nous devrions nous priver de ce bon sens. La situation financière, la cohésion nationale, l'emploi, la prospérité sont-ils si éclatants en ce moment que nous puissions nous dispenser d'agir ?

Non, bien sûr. Nous avons besoin d'un État debout et, comme l'État c'est nous, relevons-nous.

11

L'effort de tous, au profit de tous !

Une vraie démocratie, une école qui élève, un État fort et juste, ne suffiront pas à redresser la France si les Français eux-mêmes ne consentent pas à déployer une nouvelle énergie.

Sauver la France, c'est aussi inciter chaque Français à se sentir concerné par le destin collectif de la nation tout entière. Le défi est simple mais immense : responsabiliser nos compatriotes en bâtissant une nouvelle société de participation.

Une société qui fait coïncider dans tous les domaines l'intérêt personnel et l'intérêt général. Entre les démagogues qui font croire que l'on peut partager la richesse sans faire d'effort pour la créer, et ceux qui, à l'inverse, demandent toujours plus d'effort sans jamais vouloir en répartir le fruit, je propose le seul chemin viable et durable : l'effort de tous, au profit de tous.

Cela passe par quelques réformes fondamentales permettant de changer l'état d'esprit des Français et donc du pays tout entier.

Le premier défi est de vaincre la « préférence française » pour le chômage. Le cancer de notre pays. L'enjeu est d'associer tous les Français au combat pour l'emploi. Pour y réussir, une seule solution : réconcilier la nation et l'entreprise.

Depuis le début de cette fameuse crise, dont on entend parler depuis plusieurs décennies, l'entreprise (dans laquelle ils passent pourtant la moitié de leur vie) est vécue par nos concitoyens comme un lieu d'épreuve. Celui de l'angoisse du lendemain, de l'injustice et du sacrifice.

Aucune réussite économique durable ne pourra être obtenue sans repenser l'entreprise, lui redonner un attrait, une dynamique. Ce n'est pas un vœu pieux, il suffit d'observer le monde qui nous entoure pour comprendre que les entreprises à succès ont justement réussi à devenir des espaces de cohésion et de progrès.

Pour généraliser les expériences positives, l'État doit revoir de fond en comble sa politique économique et sociale. Notre pays doit devenir le paradis des entrepreneurs. Mais attention, pas de n'importe quels entrepreneurs, uniquement des vrais créateurs de richesse sur notre sol, au service de nos concitoyens. Depuis des années, les gouvernements confondent la liberté d'entreprendre avec le capitalisme de connivence, voire de prédation.

Les PME sont oubliées par l'État et deviennent de plus en plus dépendantes des grandes entreprises. Accablées de charges, elles constituent le lumpenprolétariat de l'économie française. Pourtant, c'est là que se trouvent les emplois de demain et que se développent les innovations d'après-demain. Ce sont elles qui irriguent notre territoire.

Quant aux fameuses entreprises de taille intermédiaire, si vitales pour notre capacité exportatrice et donc notre avenir, elles sont rachetées les unes après les autres par des grands groupes étrangers.

Il n'y a aucune fatalité à subir dans notre pays un chômage de masse aussi destructeur. Il est faux de dire comme François Mitterrand en son temps : « … contre le chômage, on a tout essayé. »

En 2009, les États-Unis et la zone euro avaient quasiment le même nombre de chômeurs (15,5 millions). En 2014, les chiffres allaient du simple au double : près de 9 millions aux États-Unis et près de 18,1 dans la zone euro).

Et je n'évoque même pas des pays aux modèles aussi différents que la Suisse, l'Islande, le Royaume-Uni ou l'Allemagne !

Voilà pourquoi je veux m'engager sur la relocalisation d'un million d'emplois en cinq ans. Un objectif permettant de réduire le chômage d'un tiers, une promesse raisonnable. En confortant la croissance à un rythme de 3 % par an en cinq ans, il serait même possible d'aller au-delà.

Pour relever ce défi majeur pour notre société, je propose une vraie révolution économique qui passe par trois effets de leviers : l'un sur la consommation, l'autre sur l'épargne, le troisième sur le travail. L'objectif est à la fois simple et vaste : changer les règles du jeu pour que chaque Français, en servant son intérêt personnel, serve aussi l'intérêt de la nation.

Avec ce million d'emplois relocalisés sur notre territoire nous créerons une vraie dynamique. Un cercle vertueux rééquilibrant nos systèmes sociaux, modérant nos impôts, redistribuant du pouvoir d'achat et surtout redonnant une dignité et une espérance à tant de familles brisées par le chômage d'un des leurs.

J'entends d'ici les interrogations narquoises des « experts » : « Pourquoi et comment réussiriez-vous là où tous ont échoué ? »

Tout simplement, car, de Keynes à Rueff, ceux qui ont réussi ont compris que pour résoudre un problème insoluble, il faut en changer le cadre ! Dans l'histoire économique, les plans de redressement ont toujours tenu en deux mots : cohérence et confiance. Mon projet s'en inspire.

Cohérence, car toutes les mesures prises inciteront à relocaliser l'emploi sur notre sol.

Confiance, car ceux qui investiront en France seront durablement privilégiés par rapport à ceux qui délocalisent.

Concrètement, en France comme ailleurs, c'est toujours le consommateur qui par ses achats est le premier prescripteur de l'emploi. Les peuples qui font preuve de patriotisme économique réussissent donc mieux que les autres.

Il ne s'agit pas dans mon esprit d'obliger nos compatriotes à acheter Français (nous ne sommes pas en Union soviétique), mais simplement de les sensibiliser à l'importance que revêt leur choix de consommateur. À défaut d'obliger, on peut inciter en vendant moins cher les produits fabriqués dans notre pays.

Première mesure : chaque article mis à la vente comportera une étiquette précisant sa part fabriquée en France. On est bien capable d'imposer aux fabricants de machines à laver l'affichage de la consommation d'électricité de leurs appareils.

L'Union européenne et le lobby des importateurs s'opposent à cette disposition de bon sens. Ils ont même refusé, au moment du scandale de la viande de cheval, de détailler la composition des plats cuisinés. Or, c'est un point essentiel pour l'avenir de notre agriculture.

À mesure que le chômage gangrène notre société, nos compatriotes (qui ont malheureusement tous un membre de leur entourage sans emploi) seraient, j'en suis convaincu, prêts à favoriser les productions françaises s'ils pouvaient connaître la provenance et la composition des produits.

Nos achats sont nos emplois, ne l'oublions jamais !

Commençons déjà par le plus simple. La commande publique doit prioritairement servir les entreprises produisant en France. Les Américains l'ont d'ailleurs bien compris, comme les Japonais, avec un degré d'ouverture de leurs marchés publics, respectivement de 32 % et 28 % contre 90 % en Europe. Le *Buy American Act* et le *Small Business Act* réservent une part des marchés publics aux entreprises locales et aux PME américaines.

Mais comment consommer davantage français quand le produit de son pays est fréquemment plus cher que celui qui est importé, ou même n'existe plus ? Pour y remédier, il est vital de basculer une partie (50 milliards) des charges sociales aujourd'hui assises sur l'emploi, qui tuent notre compétitivité, sur une autre assiette. L'important étant de faire payer notre système social autant par les importations que par la production nationale.

Je me souviens du courageux combat d'Arnaud Montebourg, malheureusement perdu, pour que le fameux Crédit d'impôt pour la compétitivité et l'emploi (CICE) soit concentré sur les activités, notamment industrielles, exposées à la concurrence internationale. Il est surréaliste de voir le gouvernement saupoudrer son aide de 15 milliards sur l'ensemble des entreprises, offrant ainsi à La Poste, à la grande distribution et aux banques, des profits supplémentaires dont elles n'ont pas besoin !

Dans le même temps, nos PME exportatrices continuent d'être lestées par des poids aux pieds. Le tort du gouvernement est aussi d'avoir limité aux faibles rémunérations les exonérations supplémentaires de charges ; enfermant les Français dans la trappe à bas salaires et handicapant les entreprises de pointe exportatrices, qui, pour arracher des compétences, offrent des salaires souvent supérieurs à deux fois le SMIC.

Protectionnisme ! Voilà le vilain mot lâché. J'en propose un autre, loyauté, et même un troisième, égalité. Oui ! Mettons à nouveau nos entreprises qui produisent en France à égalité absolue avec celles qui délocalisent à tout-va.

La suppression de la directive « travailleurs détachés » participe de cette même volonté. Toutes les entreprises qui opèrent en France, quelle que soit leur nationalité, doivent payer les mêmes charges sociales françaises. Point. Il n'y a pas à discuter. C'est d'une telle évidence.

Enfin, il va de soi que le contrôle par l'État du respect des normes doit être exactement le même qu'il s'agisse d'une production locale ou d'une importation.

Les Chinois contrôlent et bloquent des containers dans leurs ports pour vérifier le respect de leurs normes. Pourquoi ne le ferions-nous pas ? De même, pourquoi tolérons-nous la contrefaçon avec une mollesse indulgente, alors que c'est un véritable pillage qui nous coûte 30 000 emplois chaque année ?

Nos entrepreneurs n'attendent pas un miracle, ils demandent l'égalité des chances. Ne pas avoir à porter un sac à dos rempli de pierres quand leurs concurrents sont dopés !

Une fois l'équilibre rétabli, il ne fait aucun doute que les consommateurs achèteront davantage de produits « Fabriqué en France » et favoriseront (délibérément ou non) l'emploi sur notre sol.

Le second levier à utiliser est celui de l'épargne. La France n'en manque pas. On peut même dire qu'elle abonde une épargne à la mesure de l'inquiétude que nos gouvernements ont fait naître.

Réglons alors différemment notre fiscalité pour orienter cette épargne, ce carburant de l'investissement, vers l'industrie et les petites entreprises. Le miracle industriel allemand s'explique notamment par son réseau de banques régionales qui sait prendre des risques pour financer les projets de ses entreprises. Je propose d'ailleurs une stricte séparation des activités de banque de dépôt et de banque d'affaires.

Privilégier l'industrie est vital pour l'avenir, car c'est à partir de ses innovations que se diffusent les gains de productivité dans l'économie toute entière. C'est en accompagnant la croissance des TPE-PME au moment où elles affrontent leur crise de croissance et où elles sont souvent emportées par la conjonction des vents contraires que nous élargirons le fameux réseau des entreprises intermédiaires.

Voilà pourquoi je propose des mesures simples et de bon sens avec, par exemple, la division par deux de l'impôt sur les sociétés pour les bénéfices réinvestis sur le sol français. L'entrepreneur qui parie sur son pays se voit ainsi récompensé par rapport à celui qui enrichit ses actionnaires ou « joue » contre la France en investissant à l'étranger.

Dans le même esprit, l'épargne actuellement drainée vers des marchés financiers spéculatifs devenus des casinos, ne devra prétendre à aucune forme de subvention, défiscalisation ou avantage. A contrario, les aides seront concentrées sur l'épargne allant directement vers l'investissement productif : celui des entreprises, des créateurs de projets ou des particuliers, par exemple pour des travaux d'isolation thermique.

Arrêtons aussi, parce que c'est du bon sens, de surtaxer le capital. Il faut exonérer d'impôts sur la fortune les sommes qui s'orientent dans des fonds de placement d'investissement ou des PME qui investissent en France.

Enfin, on n'échappera pas à un vrai débat sur le mécanisme de la création monétaire en Europe et dans le monde. Aujourd'hui, les banques centrales créent de la monnaie par l'intermédiaire des banques privées qui prêtent ensuite aux États déficitaires, aux entreprises ou, pire, pour procéder à des opérations spéculatives sur les marchés financiers. Cette méthode ruine les États en leur faisant payer des intérêts injustifiés (la BCE prête à 0 % aux banques qui achètent des bons du trésor à 1, 3 ou 5 % selon les pays) qui alourdissent la dette. Le prétexte, un moment évoqué, de discipliner les États pour lutter contre l'inflation ne tient pas puisque ces mêmes banques, plutôt que de prêter aux entreprises pour financer des projets utiles, alimentent la spéculation sur les marchés financiers dans des proportions effarantes. Il est donc temps, comme y réfléchit déjà la Suisse, d'obliger les banques à présenter des actifs à la Banque centrale en échange de prêts. Cette question est apparemment très technique et en vérité très politique. La banque centrale est-elle au service des banques privées ou de la nation ? Dans mon livre paru en 2009, *L'Arnaque du siècle*, j'avais révélé que l'agence France Trésor, qui gère au ministère des Finances la dette de la France, est dirigée par un comité stratégique en partie composé de banquiers internationaux qui vivent des intérêts payés illégitimement par les Français. Pourquoi ces banques[1], représentées par ces personnalités qui y siègent, sont-elles parvenues à s'incruster au cœur de l'État ? Il faut nettoyer les écuries d'Augias. N'oublions jamais la mise en garde prémonitoire de Jefferson, le père de l'Indépendance américaine : « Je pense que les institutions bancaires sont plus dangereuses pour nos libertés que des armées entières prêtes au combat. Si le peuple américain permet un jour que des banques privées contrôlent sa monnaie, les banques et toutes les institutions qui fleuriront autour des banques priveront les gens de toute possession, d'abord

1. Au début de l'année 2016 siégeaient au comité stratégie de France Trésor des personnalités étrangères dirigeant notamment : KfW, grande banque d'investissement allemande ; Elo Mutual Pension Insurance Company, groupe d'assurances finlandais ; Ecobank Transnational Incorporated, groupe bancaire africain opérant dans 36 pays africains ; Government of Singapore Investment Corporation (GIC), le fonds souverain de Singapore ; CLS, organisme financier américain… Voir : <http://www.aft.gouv.fr/rubriques/strategic-committee_77_lng1.html>.

par l'inflation, ensuite par la récession, jusqu'au jour où leurs enfants se réveilleront sans maison et sans toit, sur la terre que leurs parents ont conquise. »

Si, après le consommateur, l'épargnant a intérêt dans ses arbitrages personnels à favoriser l'investissement, alors par le jeu du libre marché, la conjoncture s'améliorera vite.

Enfin, il faudra associer davantage le salarié à la bonne marche de l'entreprise. Toutes les études prouvent que, les groupes, peu importe leur taille, qui ont développé la participation et l'intéressement, ont de bien meilleures performances que les autres. Quand allons-nous sortir du Moyen-Âge social ? Les syndicats archaïques comme le patronat étroit d'esprit ont fait la peau de la magnifique idée de l'actionnariat salarié du général de Gaulle.

Je me souviendrai longtemps d'un entretien avec Monsieur Mulliez, le fondateur d'Auchan. Ce dirigeant à poigne et aux idées claires m'avait reçu très gentiment près de Lille. Il m'avait raconté combien il avait dû lutter contre sa famille pour imposer l'actionnariat populaire dans son empire. Ainsi, à sa retraite, une caissière peut partir avec un petit pactole. De plus, à la différence de ses concurrents soumis à la pression des fonds prédateurs, son groupe a gagné un actionnariat stabilisé. Meilleure productivité, climat social apaisé, fidélité des collaborateurs, protection vis-à-vis des OPA, il est évident que cette voie qui réconcilie le travail et le capital est celle de l'avenir. Il faut qu'elle devienne la nôtre.

Ce n'est pas un hasard si le général de Gaulle, qui estimait que « la seule querelle qui vaille, c'est celle de l'homme », avait fait sienne cette idée d'association capital-travail. Cette œuvre du fondateur de la Ve République est complètement passée sous silence. Quand j'étais étudiant, je m'étais passionné pour les plaidoyers des gaullistes sociaux comme René Capitant et Marcel Loichot pour une nouvelle société, termes repris par la suite par Jacques Chaban-Delmas et Jacques Delors. Le Général, une fois de plus visionnaire, avait compris le caractère révolutionnaire, au bon sens du terme, de la participation. Au-delà des avantages bien connus pour les entreprises qui s'y engagent – et elles sont plus nombreuses qu'on ne le croit (5 millions de salariés bénéficient de la participation sur les 18 millions de salariés du secteur privé) –, c'est la société dans son ensemble qui y gagnera. Je propose également un label « hommes-femmes » pour les entreprises qui respecteraient l'égalité salariale. Notre pays doit rattraper concrètement son retard.

Une société humaine qui lutte contre toute forme d'aliénation et qui se bat pour la dignité de tous ses travailleurs. Une société de responsabilité où chacun est récompensé à la juste proportion de son effort et de son implication. En un mot, une voie évidente entre le socialisme inefficace et le capitalisme destructeur.

Le général de Gaulle avait en vérité une pensée complète et, c'est aussi à ce titre qu'il était un homme d'État. Il n'a pas simplement été le libérateur du pays et le fondateur de la Ve, ce qui représente déjà une œuvre immense. Il voulait une France juste qui réconcilie socialement des Français divisés. Je me vois encore adolescent, vers quatorze-quinze ans, dévorant ses mémoires ; pas seulement celles de guerre, les autres, malheureusement inachevées. Je suis devenu si jeune passionnément gaulliste, quand j'ai compris la profonde humanité de son patriotisme. Romain Gary, autre personnage, dont les romans m'ont tant bouleversé, écrivait : « Je n'aime pas la France, j'aime la France libre. » Il prouvait ainsi combien son patriotisme était « au service d'un idéal ». C'était exactement ce qui m'impressionnait chez le général de Gaulle. On est si loin aujourd'hui de ce patriotisme humaniste. Quand on songe que la seule préoccupation de nos gouvernants est de mettre en place le recul des droits sociaux acquis au fil du temps… Mais à quoi sert la France si elle ne porte pas un idéal de fraternité ? Voilà pourquoi, au moment où la compétition économique mondiale fait rage et où le système financier est au bord de l'explosion, il faut changer les règles du jeu national et international. Maurice Allais, l'un de nos Prix Nobel, en économie, avait démontré les effets dévastateurs d'un libre-échange mondialisé déloyal, et recommandé une libre concurrence *organisée* dans des grandes zones géographiques plus équilibrées, notamment en matière monétaire et de charges sociales. Un visionnaire qui avait tout anticipé.

Pour revenir à notre pays, il faut en finir avec l'assistanat inefficace et relancer l'actionnariat salarié.

Mais cette relance ne peut pas être imposée d'en haut. Un processus de partage intelligent, visionnaire entre une direction d'entreprise et des salariés exige un accord mutuel et un volontariat.

En revanche, il est temps d'accélérer les mécanismes qui ont fait merveille quasiment partout où ils ont été mis en place. D'ailleurs, cette économie participative est attendue par notre jeunesse qui a vu ses comportements changer grâce à Internet.

Voilà pourquoi je propose aussi un bonus fiscal conséquent, proportionnel à la part du capital détenu par les salariés. Le taux d'impôt sur les sociétés serait abaissé de 1 % pour 2 % d'actionnariat salarié. Cette baisse s'ajouterait à la division par deux de l'impôt pour les bénéfices réinvestis en France que je propose par ailleurs. Son financement sera assuré par la lutte, enfin efficace et il est temps, contre la fraude à la TVA qui représente aisément 20 milliards d'euros par an et dont la moitié est récupérable, comme je l'ai prouvé dans mon précédent livre *Les Voleurs de la République*.

Enfin, un contrat de participation sera proposé aux salariés qui veulent s'investir et prendre une part du risque de l'entreprise en abondant leurs comptes d'actions par l'achat volontaire de titres supplémentaires (cet achat serait défiscalisé). Les membres ayant souscrit ce contrat seraient associés à la direction de l'entreprise. Cela permettrait de former des successeurs aux très nombreuses entreprises familiales qui, au moment de la transmission, sont dépecées, faute d'héritiers intéressés.

Par ces trois leviers : la consommation au service de nos emplois, l'épargne en faveur de nos entreprises et le travail pour augmenter nos performances, je suis convaincu que la France peut devenir le paradis des entrepreneurs qu'elle n'a jamais su être. Le paradis des vrais créateurs de richesse et d'emplois qui aiment la France et qui seront heureux de pouvoir enfin y investir en respectant les salariés.

Mais la société de participation, que j'imagine et que je propose, ne se limite pas à l'entreprise et à l'emploi. Dans notre vie quotidienne, il faut aussi trouver le moyen d'en finir avec la misère et les injustices sans sombrer dans l'assistanat. Chaque génération doit espérer offrir à ses enfants un meilleur destin que le sien. Cela passe par plusieurs nouvelles politiques innovantes, dans les domaines du logement, de la retraite, de la formation et enfin de l'environnement.

Le logement est l'un des principaux soucis de nos concitoyens. Trouver un toit, le garder à un prix abordable. Jamais l'État n'a autant dépensé dans ce secteur d'activité et pourtant la crise est là : d'un côté, la pénurie en Ile-de-France, de l'autre, dans bon nombre de régions, des millions de logements vacants. Et pour tous les Français une dépense contrainte (loyer ou remboursement d'emprunts) qui ponctionne de plus en plus le pouvoir d'achat. Sans parler des millions de Français mal logés ou pas logés du tout. À tel point qu'on a créé un droit opposable au logement inappliqué car inapplicable, qui fait surtout aveu d'impuissance. Un de plus…

J'ai pris conscience de ce gâchis quand je suis devenu maire. Gâchis humain, gâchis financier, gâchis urbanistique et d'aménagement du territoire. Aujourd'hui, la principale inégalité, au début comme à la fin de sa vie, est entre les propriétaires et les locataires.

Le retraité qui a pu devenir propriétaire de son logement vit une retraite beaucoup moins dure et incertaine que celui qui paye toute sa vie un loyer pour rien et se retrouve avec une retraite de misère une fois ses charges réglées.

Inégalité de naissance entre le jeune qui démarre dans la vie avec un apport familial et l'autre qui mettra vingt ans à s'en constituer un. Aucune politique familiale sérieuse ne peut être mise en œuvre sans un coup de pouce au logement.

Le logement social est, à cet égard, une nécessité mais aussi un piège. Au lieu de mettre en œuvre une vraie politique d'accession sociale à la propriété, les gouvernements ont enfermé les classes moyennes et modestes, qui ne peuvent plus acheter et qui sont victimes de la spéculation immobilière, dans un système locatif sans issue.

Le logement social est érigé en dogme. D'un côté, une minorité de locataires assistés et déresponsabilisés profitent du système, dégradant les logements et ne payant pas leur dû. De l'autre, l'immense majorité des locataires payent des loyers chers et des charges exorbitantes pour compenser la perte de recettes de la minorité et engraisser un secteur et où les passe-droits sont monnaie courante et où des professionnels parfois sans scrupule se payent sur la bête.

J'ai découvert ce milieu bien particulier du logement social lorsque j'ai voulu que ma ville échappe au monopole des grands bailleurs sociaux, qui possèdent des dizaines de milliers de logements dans le pays, en créant notre propre société HLM municipale ; il s'agissait de rattraper le déficit local en logements sociaux.

Tout a été fait pour m'empêcher de constituer cette société d'économie mixte. J'ai dû court-circuiter la préfecture et le ministère en allant directement voir Jean-Louis Borloo, alors ministre de la Ville, l'une des rares consciences bienveillantes de ce milieu qui a apprécié ma passion pour ma ville et a donné le feu vert, contre l'avis de ses services.

Depuis, et c'est une de mes fiertés, nous avons créé près de 400 logements en petites unités pour permettre une vraie mixité sociale. Dans les opérations mixtes, logements privés-logements publics, la qualité des prestations est la même alors que le prix de vente va quasiment du simple au double (la SAEM achète le logement 2 500 euros le mètre carré au promoteur qui vend le sien 4 000 aux particuliers).

Les frais de fonctionnement de notre structure sont très faibles, car nous gérons au plus près et les salaires sont modestes. (Notre directrice gagne cinq fois moins que les directeurs des grands bailleurs sociaux qui n'ont plus de sociaux que le nom.) Le suivi des locataires est personnalisé et les impayés sont donc moins nombreux. Quant aux « incivilités », je n'ai pas hésité à me rendre chez une famille qui commençait à créer des nuisances dans une nouvelle résidence en lui indiquant que, si elle continuait, elle perdrait son bail. Les incivilités ont cessé dans la semaine. Souvent on n'a même pas besoin de hausser le ton, il suffit d'affirmer une limite et les gens sont tellement surpris que l'escalade cesse.

Depuis dix ans, l'État et le milieu du logement social continuent pourtant à vouloir la disparition des petites structures comme la nôtre. Nous manquerions d'économies d'échelle. En vérité, ils ne veulent pas voir émerger un autre modèle, moins coûteux et proche du terrain, plus responsabilisant pour les locataires.

Cette expérience m'a fait comprendre qu'une autre politique de logement en France était possible. Celle de l'accession sociale à la propriété. Une bonne moitié des occupants des logements sociaux pourrait rembourser un prêt au lieu de payer un loyer. Au terme d'une période plus longue, de l'ordre de trente ans, ces personnes auraient l'immense avantage d'être propriétaires à l'heure de leur retraite.

Un pacte gagnant-gagnant, sous la forme d'une sorte de crédit-bail, serait mis en œuvre. Cela est tout à fait possible dans la mesure où les sociétés de HLM, comme la nôtre, empruntent à quarante ans des prêts bonifiés auprès de la Caisse des dépôts. Pourquoi cet avantage ne serait-il pas accordé à des primo-accédants modestes ? Un fond d'assurance permettrait de pallier les risques de la vie.

Singapour, comme je l'ai déjà expliqué, a mis en œuvre une politique exceptionnellement progressiste et efficace en ce domaine. Par ailleurs, le coût de construction et de vente pourrait être réduit d'un bon quart si les collectivités publiques prenaient à bras-le-corps le défi du logement en mettant à disposition les terrains nécessaires et en réduisant le coût de la commercialisation. Enfin je propose un vaste plan pour la réhabilitation des logements anciens pour réduire leur consommation énergétique, financé à 0 % d'intérêt.

La France compte 58 % de ménages propriétaires, l'Angleterre ou d'autres pays bien plus. Mon objectif est ambitieux : permettre à deux millions de ménages français de devenir propriétaires de son logement dans les cinq prochaines années.

Tout récemment à la buvette de l'Assemblée, un collègue député et élu local me confiait sa lassitude. « Comment veux-tu que notre pays réussisse quand le seul point commun à tous les Français c'est : “tout pour ma gueule”. Mais à qui la faute ?, ajouta-t-il, quand une petite classe politique comme celle-là ne fait que se regarder le nombril. »

Mon collègue, découragé, exagérait, bien sûr, car tous nos compatriotes ne sont heureusement pas dans cet état d'esprit. Mais l'enjeu des prochaines années reste bien de convaincre les Français de croire en eux-mêmes et de se prendre en main.

Quand chacun de nos concitoyens sera convaincu que son effort individuel portera ses fruits, alors le destin de la France basculera. En se sauvant lui-même, chaque Français sauvera son pays.

Au-delà des domaines prioritaires de l'emploi et du logement, il importe aussi de responsabiliser nos concitoyens dans des secteurs aussi importants que les retraites, la formation ou la protection de l'environnement.

Pourquoi, par exemple, avoir pris autant de retard pour revoir notre système de retraites ? À la différence de la plupart des pays d'Europe, nous avons une démographie équilibrée permettant de couvrir financièrement (à condition que l'emploi reparte) notre régime par répartition.

Quel est donc l'enjeu ? Unifier notre système, mettre fin aux privilèges et autres régimes spéciaux pour garantir une transparence afin que chacun, quel que soit son âge, puisse connaître sa situation et savoir quel comportement il doit adopter. C'est le sens de ma proposition d'un système unique à points. La valeur du point pourrait simplement être valorisée selon les objectifs politiques de la nation, en fonction du nombre d'enfants, de la pénibilité de certains métiers, etc.

Pour éviter de remettre en cause les acquis, je propose d'imiter l'Italie, qui a commencé à appliquer sa réforme pour la nouvelle génération qui entre sur le marché du travail. Certes, il faudra quarante ans pour transformer l'ensemble du système, mais il faut bien commencer un jour.

Le secteur de la formation professionnelle qui engloutit 30 milliards d'euros chaque année pourrait être réformé dans le même esprit. J'ai toujours été indigné par le sort réservé à ceux qui sortent du système scolaire sans aucune formation. À la différence du monde anglo-saxon, qui est très mobile, en France un premier échec marque au fer rouge pour toute la vie. C'est en recevant un jeune de ma ville qui venait d'être papa que j'ai compris la nature de cette double peine. Il m'apostropha : « Vous me recevez, mais vous savez que je n'ai pas toujours été très sage ! » Je ne me souvenais plus vraiment de lui, à vrai dire. Il me raconta son parcours, son échec scolaire, sa galère. Depuis quelques années, il s'était assagi. Il était devenu gardien d'un dépôt pétrolier pas loin d'Orly. Il s'ennuyait à mourir, il voulait reprendre une formation. Il avait frappé à toutes les portes. Aucune solution. C'est là que j'ai découvert le maquis des formations et l'absurdité qu'il y a à financer en priorité des cours d'anglais pour les cadres des grandes entreprises et à ne pas pouvoir, ni vouloir aider ceux qui veulent s'en sortir et en ont un besoin urgent.

C'est alors que j'ai formalisé le concept de sécurité professionnelle auquel ont réfléchi bon nombre d'experts en relations sociales. Chaque jeune qui sort du système scolaire sans formation, ni diplôme bénéficiera d'un crédit de formation qu'il pourra utiliser au cours de sa vie. Cette carte de la seconde chance rétablira l'égalité entre les étudiants qui bénéficient de l'aide indirecte de l'État au cours de leurs longues études et les autres. Chaque

Français doit avoir une nouvelle opportunité, une source d'espérance. « Aide-toi et le ciel t'aidera ! »

Ce qui vaut pour le logement ou la formation vaut plus globalement enfin pour notre bien commun et notre environnement.

On n'a jamais autant parlé de l'avenir de la planète et on ne l'a jamais autant abîmée. La COP 21 a été un beau sommet, celui de l'incantation certes méritoire, mais encore vaine dans la mesure où les mécanismes pour responsabiliser les pays et les individus ne sont pas encore mis en place.

Au niveau international, seule une taxe carbone aux frontières appliquée aux produits importés de pays qui dépassent leurs engagements de pollution permettra de contraindre les plus polluants à changer d'attitude. Au niveau national, il y a aussi urgence à responsabiliser nos concitoyens.

L'immense tort de notre pays est d'avoir laissé une bande de fantaisistes libertaires et naïfs préempter et monopoliser l'écologie. Sincères, mais tellement pagailleux pour eux-mêmes, on ne sait pas comment ils vont pouvoir sauver la planète. Or, l'écologie est une valeur fondamentale pour tous ceux qui respectent la transmission, la morale, les terroirs, les nations. Face au supermarché mondial de l'argent-roi qu'on veut nous imposer, le respect de notre environnement est un premier réflexe sain d'autodéfense. La France de l'intérêt général, du long terme et des valeurs n'aurait jamais dû négliger cet enjeu.

Pour relever ce défi majeur on aura donc besoin de nos frontières afin de poser comme conditions au libre-échange dévastateur des normes environnementales, sanitaires ou sociales. Besoin aussi d'un État régulateur qui ait la force de dire non aux intérêts et lobbies en autorisant les collectivités locales à privilégier les producteurs locaux, notamment bio.

Je pourrais raconter le combat que je mène dans ma ville contre certains opérateurs téléphoniques qui, avec leurs antennes mal positionnées, mettent en danger la santé de certains de nos concitoyens. Ne nous prépare-t-on pas là un nouveau scandale de l'amiante ?

Besoin aussi d'un État incitatif qui généralise le système des bonus-malus pour différencier les produits selon leur impact sur notre environnement. Sa protection deviendra efficace quand les règles du jeu auront suffisamment évolué pour changer les comportements des consommateurs qui sont, qu'on le regrette ou non, les vrais maîtres des industriels.

En définitive, on l'a vu à travers tous ces exemples concernant l'emploi, l'environnement, les retraites, la formation ou le logement, la politique doit orienter les comportements individuels pour servir le bien commun et combattre le mal. À force de tout relativiser, de tout nier, en un mot de démissionner face à l'implacable égoïsme qui gouverne les comportements économiques chez nous et dans le monde, les dirigeants politiques ont scié la branche sur laquelle ils étaient assis. Ils ont créé un immense vide politique. Ils ne sont plus combattus ; pire, ils laissent les foules indifférentes.

Je crois au contraire que le rôle d'un homme politique est d'éclairer les choix d'une société, de se battre pour ce à quoi l'on croit. Libre à chacun de se prononcer alors dans le secret de l'isoloir.

Mon projet pour la France est clair : la remettre debout. Lui faire prendre conscience d'elle-même, de son histoire, de ses valeurs, du « bien » qu'elle incarne, de ses forces.

Lui redonner l'envie de vivre en permettant au peuple de réinvestir sa démocratie et donc de retrouver sa liberté souveraine. Lui rendre enfin les moyens d'exister par le soutien de l'État, mais aussi par celui de la société qui n'est que l'addition des milliards d'actes de 66 millions de destins fragiles, interrogatifs et, malgré tout, pleins d'espérance, car doués d'humanité.

Conclusion

Parfois, certains de mes interlocuteurs, militants ou collègues parlementaires, me demandent pourquoi je fais tout cela, comment je tiens. Il est vrai que j'ai aussi de temps en temps, pourquoi le nier, des moments de découragement.

Les années passent (déjà bientôt vingt ans de mandat), et je m'interroge. À quoi bon se battre pour un pays, un peuple qui s'enfonce inexorablement depuis trois décennies dans le déclin et qui, c'est là le plus grave, consent volontairement à la perte de sa liberté, de sa culture, de sa civilisation. Cela me rend profondément triste d'imaginer la fin de l'histoire de France. Mais c'est précisément cette histoire qui, passé les affres du doute, me donne la force de réagir, de rebondir, de garder la foi, de croire en l'avenir de la France.

À combien de reprises notre pays a-t-il traversé des périodes où tout semblait perdu, où la loi du plus fort paralysait les capacités de résistance, où l'esprit de collaboration régnait, où le peuple négligé et à genoux se laissait aller ? Je relisais dernièrement une interview de Michel Debré datant de l'automne 1957, dans laquelle il évoquait sa peine à l'idée que le gaullisme soit une aventure révolue, comme il le semblait alors.

Curieuse nation qui oscille sans cesse entre la médiocrité du renoncement et la grandeur du sursaut.

Oui, tout au long de son histoire, une cristallisation d'événements a permis des libérations inespérées et des redressements impressionnants. Alors, quels que soient nos états d'âme, nous avons le devoir de nous relever et de nous battre. Notre pays a tout pour réussir. Le chemin est là devant nous. Il suffit de l'emprunter.

Sur ma table de chevet, *Les Chênes qu'on abat* d'André Malraux ne me quitte pratiquement jamais. Il n'y a pas plus beau livre qui inscrive l'œuvre politique dans le champ historique. Son caractère à la fois dérisoire et magnifique. On ne peut pas comprendre la noblesse et la dureté de l'engagement sans avoir médité ce dialogue grandiose au soir de leur vie entre ces deux géants, le général de Gaulle et André Malraux.

La chaleur des militants qui œuvrent au quotidien pour défendre la liberté de notre pays et la dignité des Français est aussi un réconfort puissant. Loin des carriéristes prêts à tout piétiner pour réussir, les militants sont profondément désintéressés. Ils se battent pour leur pays comme les soldats de Verdun ou de Bir-Hakeim. Je ne pourrais rien faire sans leur présence déterminante aux quatre coins de la France.

De même, comment faire comprendre, à ceux qui ne l'ont pas vécu, l'importance d'un soutien spontané dans la rue ! Une poignée de mains qui en dit long, un mot d'espoir, même un coup de klaxon !

Combien de visages si divers sont ainsi gravés dans ma mémoire pour avoir exprimé exactement ce que je ressentais le jour où ils m'ont croisé et encouragé. Un peu comme ces lettres remarquables d'engagement politique que je reçois de jeunes de tous horizons. Ils veulent me rejoindre pour servir leur pays, le réveiller, le redresser.

Ce sont eux l'avenir du pays. Ils nous encouragent à ne rien lâcher pour défendre une « certaine idée » de la France. Nous devons leur transmettre la nation la plus belle possible pour qu'à leur tour ils la lèguent à leurs enfants encore plus grande et forte.

La France du bien commun, de l'intérêt général, des valeurs universelles. Une France qui sait se protéger, se muscler. Une France libre et juste. Une France debout.

N. D.-A.
Février 2016

Table des matières

Cet ouvrage a été imprimé en France
par CPI
en mars 2016

Composition et mise en pages
Nord Compo à Villeneuve-d'Ascq

PAPIER À BASE DE FIBRES CERTIFIÉES

Fayard s'engage pour l'environnement en réduisant l'empreinte carbone de ses livres. Celle de cet exemplaire est de :
0,650 kg éq. CO_2
Rendez-vous sur www.fayard-durable.fr

87-1095-6/01

Dépôt légal : mars 2016
N° d'impression : 3016594

Pour l'éditeur, le principe est d'utiliser des papiers composés de fibres naturelles, renouvelables, recyclables et fabriquées à partir de bois issus de forêts qui adoptent un système d'aménagement durable.

En outre, l'éditeur attend de ses fournisseurs de papier qu'ils s'inscrivent dans une démarche de certification environnementale reconnue.